7. 60

Hans Joachim Müller
Der französische Roman
von 1960 bis 1973

SCHWERPUNKTE ROMANISTIK

herausgegeben von

LEO POLLMANN

15

Lektorat/Redaktion

ULRIKE KILLER

Hans Joachim Müller

Der französische Roman
von 1960 bis 1973

Tel Quel und Maurice Roche

Athenaion

2 4 4 2 5 6 | 0 0 0

ISBN 3-7997-0602-X

Inhalt

Die Seitenzahlen hinter den jeweiligen Zitaten beziehen sich auf die in der Bibliographie angeführten Textausgaben. Wo nicht anders angegeben, stammt die Übersetzung der Zitate von uns. Für die Arbeiten von Derrida werden im laufenden Text folgende Abkürzungen verwendet:

De la grammatologie	G
La structure, le signe et le jeu	S
„Freud et la scène de l'écriture"	F
„La différance"	D

Einleitung

Seit 1960 hat sich um die Gruppe Tel Quel eine neue Literaturtheorie und
-praxis herausgebildet, die bisher nicht entsprechend gewürdigt wurde, da
sie im Schatten des Nouveau Roman stand.[1] Die Gründe dafür dürften einerseits in der hermetischen Theorienbildung zu suchen sein, die dem in
West und Ost etablierten Weltbild konträr entgegengesetzt ist, und andererseits in den ‚unleserlichen' Romanen selbst, die überdies in sehr geringen
Auflagen erscheinen.

Da die Tragweite der von Tel Quel herbeigeführten Änderungen erst vor
dem geistesgeschichtlichen Hintergrund des zeitgenössischen Frankreich
voll verständlich werden kann, sollen als Einführung in die Problemstellung
unserer Arbeit (Kapitel 1) die Theorien von Derrida, Foucault und Lacan
dargestellt werden[2] und ein Überblick (Kapitel 2) über die Entwicklung
der Literaturtheorie und deren Axiome sowie eine Periodisierung der Stand-
orte von Tel Quel versucht werden. Eine Kritik an den Axiomen von Tel
Quel wird dabei nicht angestrebt; die Darstellung verfolgt eine informative
und keine polemische Absicht, was uns jedoch nicht daran hindert, in kriti-
scher Betrachtung Brüche und Unstimmigkeiten innerhalb der dargestellten
Theorien aufzuzeigen. Als Vergleichspunkt wählen wir dabei die sich ideologiekritisch gebende zweite Entwicklungsphase von Tel Quel (1964-1968),
die wir sowohl mit der nachfolgenden Ideologisierung als auch mit der literarischen Praxis kontrastieren.

Im Gegensatz zur Gruppe Tel Quel liegen von Maurice Roche keine
theoretischen Arbeiten vor. Der Musiker, Theatermann und Journalist Roche
ist ein Mann der Praxis, scheinbar fern aller Theorie. Sein Verhältnis zur
Gruppe Tel Quel und besonders zu Philippe Sollers ist freundschaftlich, von
einer Beeinflussung kann jedoch keine Rede sein. Bei den Romananalysen
wird sich herausstellen, daß Roche, von einer anderen Ausgangsbasis aus,
nicht nur eine parallel zu Tel Quel verlaufende Entwicklung durchmacht,
sondern bereits in seinem ersten Roman *Compact* (1966) viele Aspekte der
späteren Theorienbildung von Tel Quel offenkundiger realisiert, als dies in
Romanen, die von Mitgliedern der Gruppe verfaßt wurden, geschieht. Eine
Konfrontation der thematischen und technischen Repertoires von Roche
mit denen der Gruppe Tel Quel führt zu einer gegenseitigen Erhellung und
liefert eine brauchbare Ausgangsbasis für die Interpretation: Mit Tel Quel
und Roche können so die beiden Pole einer neuen Tendenz des französischen Gegenwartsromans herausgearbeitet und weiter von anderen zeitgenössischen Strömungen abgegrenzt werden.

Bei der Analyse der Romane (Kapitel 3) liegt es auf der Hand, deren formale (Verwendung der Personalpronomen sowie spatiale, konkrete und ana-

grammatische Schreibweisen) und inhaltliche Aspekte (psychoanalytische
und gesellschaftspolitische Problemstellungen) im Lichte der grundlegenden
Axiome der Literaturtheorie von Tel Quel (Antihumanismus, materialistische Sprachauffassung und spezielle Vorstellung des geschriebenen Textes
als *écriture* im Sinne Derridas) zu untersuchen. Dabei zeichnet sich eine Entwicklungslinie ab, zu deren Anfang noch das menschliche Subjekt, auch
wenn es von seinem Unbewußten und den sprachlichen Strukturen beherrscht
ist, dargestellt wird, und an deren Ende schließlich jegliches perzipierendes
Bewußtsein aus den Romanen verschwindet und den ‚produktiven' Kräften
der Sprache Platz macht. Im Zentrum unserer Analyse steht daher die Deutung der Rolle des Personalpronomens, welches zur Bildung einer ‚grammatikalischen' Person benützt wird, die den traditionellen Romanhelden ersetzt.
Mit dem zunehmenden Ausschluß des Subjekts gewinnen die Prinzipien einer Organisation des textlichen Raumes eine immer größere Bedeutung.
Dies soll am Beispiel von spatialen, konkreten und anagrammatischen Schreibweisen verdeutlicht werden. Aufgrund der geringen Anzahl der bisher geschriebenen und in Betracht kommenden Romane (9) stellt sich kaum das
Problem einer Auswahl, zumal jeder der Romane eine unverwechselbare
‚Individualität' besitzt und einen jeweils veränderten Standort innerhalb der
Entwicklung von Tel Quel und Roche bezeichnet.
    Anders als in unserem Überblick über Geschichte und theoretische Ent-
wicklung von Tel Quel, der auch die Anfangsphase umfaßt, beschränken
wir die Analyse auf die Entwicklung seit 1965, weil in jener Phase die Gruppe zum ersten Mal eine eigenständige Theorie und Praxis aufzeigen kann,
während die Romane der früheren Phase noch stark am Vorbild des Nouveau
Roman orientiert sind. In unserer Darstellung verfolgen wir dabei in chrono-
logischer Reihenfolge die Entwicklung von Roman zu Roman, wobei ein
Eindruck jeweils des Aufbaus sowie der Problemstellung vermittelt werden
soll. Hier ergibt sich allerdings die grundlegende Schwierigkeit, daß die Romane nicht irgendeine bestehende Wirklichkeit beschreiben, sondern formale Strukturen sind, die das Entstehen von Sprache, Sinn, Bewußtsein etc.
aufzeigen wollen. Ihr Inhalt kann nur sehr schwer zusammengefaßt und ihr
Text nur sehr schwer paraphrasiert werden. Unsere Arbeit gewinnt dadurch
gezwungenermaßen einen mehr deskriptiven Charakter und beschränkt sich
auf eine ‚Rekonstruktion' der vorliegenden literarischen Texte, um so ihren
Aufbau zu erhellen, Vergleiche untereinander anzustellen, ihre Beziehungen
zu den theoretischen Erörterungen zu klären oder Entwicklungen aufzuzeigen.
    Eine Zusammenfassung der grundlegenden Merkmale von Tel Quel und
Roche soll als Ausgangspunkt für eine Konfrontation mit anderen aktuellen
Strömungen dienen (Kapitel 4). Dazu werden nicht nur aktuelle Tendenzen
der Literatur (Nouveau Roman, Spatialismus, konkrete Dichtung und Surrealismus), sondern auch der Gesellschaftstheorie (etablierter Marxismus,
Maoismus, Marcuse und Habermas) herangezogen. Vor diesem Hintergrund

werden dann abschließend generelle Möglichkeiten der literarischen Ideologiekritik sowie der spezielle Beitrag von Tel Quel und Roche besprochen.
Unsere Arbeit versteht sich als ein Beitrag sowohl zur Problematik avantgardistischer Literatur, als auch zur speziellen Einführung in die Romanwelt
der französischen Gegenwartsliteratur. Da die Romane und Theorien, die hier
besprochen werden, verhältnismäßig unbekannt sind, streben wir in unserer
Darstellung eine Mischung von Monographie und ordnender Analyse an. Die
erste Arbeitsweise soll ein chronologisches Erfassen der Entwicklung sowie
eine zusammenfassende Darstellung der Hauptthesen leisten; die zweite die
Romane unter einem besonderen Gesichtspunkt ordnen und durch die Konfrontation mit philosophischen, gesellschaftstheoretischen und ästhetischen
Theorien erlauben, die Stellung und Bedeutung der Romane besser zu lokali-
sieren, wobei sich wichtige Aufschlüsse über die Möglichkeiten der Literatur
als einer an ‚Praxis' gebundenen, ästhetischen und nicht diskursiv-philoso-
phischen Ideologiekritik ergeben.

Anmerkungen

1   Außer der reine Daten vermittelnden und recht informativen Darstellung von
    Nadeau, 195-217, ist uns eine geschlossene Darstellung, die Tel Quel als Gruppe be-
    handelt, nicht bekannt. Es werden vielmehr, meist im Zusammenhang mit dem
    Nouveau Roman, einzelne Autoren herausgegriffen. Besondere Erwähnung verdie-
    nen hierbei die Analyse von *Drame* (Sollers), mit der Pollmann seine Darstellung
    Der französische Roman, 169-176, beschließt, sowie die Analysen von *Drame* und
    Nombres bei Roudiez, 341-366. Ebenfalls Erwähnung verdient die Analyse von
    Vormweg, ,,Eine andere Leseart. Neue Literatur und Gesellschaft", die allerdings
    nur einen Einzelaspekt der marxistischen Theorienbildung in Phase 3 der Gruppe
    behandelt. Wenig neue Erkenntnisse bringt dagegen seine Besprechung von *Drame*
    in: *Eine andere Leseart. Über neue Literatur*, 161-165. Bezeichnend für die Ver-
    nachlässigung des Schaffens der Gruppe Tel Quel ist, daß in jüngsten Darstellungen,
    die sich ausdrücklich auf den französischen Roman der *Gegenwart* beziehen, Tel
    Quel nur in einigen Zeilen abgehandelt wird. So werden bei Wehle (1972), 11-12,
    von Tel Quel nur die bis 1964 erschienenen Romane genannt. Die jüngste uns be-
    kannte Darstellung des französischen Romans von Zeltner, 19-21, erwähnt eben-
    falls die Gruppe Tel Quel nur am Rande, liefert aber immerhin eine treffende Zu-
    sammenfassung der anagrammatischen Theorien.
    Bedeutend stärker ist die Resonanz, welche die Romane von Maurice Roche gefun-
    den haben. Eine exemplarische Auswahl von Arbeiten über seine Romane und aus-
    führliche Bibliographie von über 60 Titeln präsentiert unter dem Titel *Special Maurice
    Roche* die gemeinsame Sondernummer von *Encres Vives* 74 und *A la lettre* 4/5
    (1973).
2   In dem programmatischen Vorwort zur *Théorie d'ensemble* (8/9) wird ausdrücklich
    auf die Bedeutung dieser Denker hingewiesen. Einführende Darstellungen in die
    französische Geistesgeschichte der Gegenwart: Schiwy, *Der französische Struktura-
    lismus*; ders., *Neue Aspekte*, 60-62; 92-102; Broekman. Die beste und bekannte und
    ausführlichste kritische Darstellung der Thesen von Foucault und Lacan stammt
    von Wahl. Darstellungen der linguistischen Aspekte der Theorien von Tel Quel:
    Boyer, ,,Le désir à la lettre"; Ducrot/Todorov, 433-453.

1. Kapitel

Wichtige Denkmodelle des Jahrzehnts

I. Die Attacke gegen den Phonozentrismus

In seinem radikalen Kampf gegen die abendländische Metaphysik zieht der Philosoph Derrida die äußerste Konsequenz aus dem differentiellen Denken der strukturalen Linguistik Saussures und ersetzt die bei Saussure zugrundeliegenden Vorstellungen von Ursprung, Zentrum und Logos durch ein System endloser Verweisketten, die das Produkt einer Opposition von Einzelelementen sind, welche für sich allein genommen keine Bedeutung haben. In einer solchen Struktur ohne ein sie strukturierendes Zentrum entstehen Sinn und Bedeutung erst nachträglich durch das Verweisspiel der *signifiants* und sind nicht mehr Ausdruck eines unveränderlichen, vor dem *signifiant* existierenden *signifié*. Obwohl diese Vorstellung aus den Ansätzen Saussures entwickelt wurde, bedeutet sie eine totale Infragestellung der idealistischen Sprachauffassung Saussures und führt Derrida zu einer konsequent materialistischen Philosophie des Widerspruchs, welche in der Sprache ein Produktionsmittel sieht und von Derrida am Freudschen Modell des Unbewußten illustriert wird.

Am Anfang der Überlegungen Derridas steht die Frage, warum die Linguistik bisher immer nur die gesprochene Sprache, nicht aber die Schrift untersucht hat. Dabei stößt er auf eine Tradition des abendländischen Denkens, welche von Platon über Rousseau und Saussure bis hin zu Lévi-Strauss die gesprochene Sprache als direkten Ausdruck der Seele, die Schrift jedoch als „gefährlichen Ersatz" sieht. In einer speziellen Analyse der wissenschaftstheoretischen Fundierung der sprachwissenschaftlichen Theorien Saussures und seiner Nachfolger zeigt Derrida, daß die Einschränkung Saussures, seine Studie auf das phonetische System zu begrenzen, eine unabdingbare Voraussetzung für die „Wissenschaftlichkeit" der Linguistik darstelle, da das linguistische Untersuchungsfeld nur aufgrund dieser Einschränkung eine geschlossene Struktur aufweisen und als System erscheinen könne, das durch eine „interne Notwendigkeit gesteuert wird". (G 50) Die traditionelle Auffassung von der Schrift als einer Technik und einem Hilfsmittel, das mit der eigentlichen Sprache nichts zu tun habe, erleichtere dabei ihren Ausschluß aus dem Untersuchungsfeld der Linguistik, und Derrida weist ausdrücklich darauf hin, daß Saussure in der Schrift nicht nur ein unvollkommenes, sondern auch ein gefährliches Element sieht, das von außen her das innere System der Sprache in seiner Reinheit gefährde. (G 52) Für Derrida bewegt sich Saussure somit innerhalb einer abendländischen Tradition, deren Vorstellung vom sprachlichen Zeichen sich im Zusammenhang mit der Verdammung der Schrift herausbildete und ohne die Dichotomie von innen/außen;

geistig/körperlich; transzendental/empirisch; ideal/nicht-ideal; Inhalt/Ausdruck; *signifié/signifiant* etc. überhaupt nicht denkbar wäre. Besonders bei dem Begriffspaar *signifié/signifiant* setze das *signifié* einen unveränderlichen Ursinn voraus, der seinen direktesten Ausdruck in der gesprochenen Sprache finde, während die Schrift in dieser Perspektive bereits *signifiant* eines *signifiant* sei. Für Derrida verweist diese Auffassung auf Begriffe wie „Ursprung", „Gott" und „Logos": „[. . .] das sprachliche Zeichen und Gott haben den gleichen Ursprung und die gleiche Entstehungszeit. Die Epoche des Zeichens ist vor allem theologisch." (G 25) Phonozentrismus und Logozentrismus würden sich somit gegenseitig bedingen. In diesem System habe die Schrift als *signifiant* eines *signifiant* keinen Platz, und nur der Klang, die gesprochene Sprache gelte als „natürliches Band" zum Logos, so als ob es eine „natürliche Ordnung" gäbe, die von der „Tyrannei der Schrift" immer wieder gestört würde. Hinter dieser Auffassung verbirgt sich für Derrida das Weiterwirken der abendländischen Vorstellung von der „moralischen Perversion durch die Herrschaft des Körpers über die Seele". (G 57)

Es ist jedoch nicht das Ziel Derridas, die Schrift im engen Sinne des Wortes zu rehabilitieren oder sogar die Abhängigkeit der Schrift vom phonologischen System, dort wo sie evident ist, zu leugnen. Es geht ihm vielmehr darum, die gängigen Begriffe wie „Wort" und „Schrift" ideologiekritisch zu hinterfragen und zu betonen, daß die immer behauptete Ableitung der Schrift von der „ursprünglicheren" gesprochenen Sprache nichtig sei. Die wissenschaftstheoretischen Grundlagen liefert ihm Saussure mit seinem korrelativen Begriffspaar des *arbitraire du signe* (Beliebigkeit, Unmotiviertheit des sprachlichen Zeichens) und der *différence* (Opposition), dessen konsequente Weiterentwicklung Derrida das Aufdecken einer ganzen Menge von Widersprüchen im Denken Saussures erlaubt, die für ihn aus der idealistischen Grundhaltung Saussures resultieren:

1. Saussure bezeichnet die Schrift ausdrücklich als „Bild", „Darstellung" oder „Figuration" der sprachlichen Wirklichkeit. Diese These einer Doppelung war laut Derrida notwendig, um die Schrift als einen nicht zum inneren System der Sprache gehörenden Ersatz ausschließen zu können. Es bestehe nun aber ein Widerspruch, wenn Saussure von der Schrift sage, sie sei ein „Bild", ein „Abklatsch" der Sprache, und gleichzeitig Sprache und Schrift als zwei verschiedene Zeichensysteme bezeichnet. Derrida zeigt, daß die Schrift keine symbolische oder ikonische Funktion habe und daher kein „Bild" der Sprache sei. Vielmehr sei die Beziehung zwischen Phonem und Graphem ebenso unmotiviert wie die zwischen *signifiant* und *signifié*. (G 67-73)

2. Die These von der Willkür und Unmotiviertheit der Beziehung zwischen *signifiant* und *signifié* müßte jegliche Verurteilung der Schrift als *signifiant* zweiten Grades *(signifiant* eines *signifiant)* ausschließen, da es keine „natürliche" Ordnung zwischen den *signifiants* gebe. (G 65)

3. Die Unmotiviertheit der Beziehungen zwischen *signifiant* und *signifié*

schließe ihrerseits die These vom Klang und seiner „natürlichen Beziehung" zum Sinn aus. Dies werde zwar ausdrücklich von Saussure gegen Ende des *Cours* festgehalten, er ziehe jedoch daraus keine Konsequenzen für die zu Anfang des VI. Kapitels akzeptierte Vorstellung von der natürlichen Beziehung zwischen Sinn und Klang, die doch die Ausschließung der Schrift rechtfertigte. Das Argument, das Saussure am Ende des *Cours* gegen die These vom natürlichen Sinn des Klanges anführt, ist gerade das für das gesamte Vorgehen Derridas entscheidende und mit der Unmotiviertheit des *signifiant* eng verbundene Prinzip der Opposition. Demnach ist das *signifiant* in seiner ‚Essenz' unkörperlich und wird nicht durch seine materielle Substanz gebildet, sondern einzig durch die Differenzen, die sein akustisches Bild von allen anderen trennen. (G 77/78)

Aus dem korrelativen Begriffspaar *arbitraire du signe* und *différence* entwickelt Derrida einen Begriff der *écriture*, welcher bedeutend umfassender ist als der gängige Begriff „Schrift", da er nicht nur die „physischen Gesten der alphabetischen, pikto- und ideographischen Schrift", sondern auch „die Gesamtheit all dessen, was sie möglich macht", beinhalten soll. (G 19) Aufgrund der Beliebigkeit des sprachlichen Zeichens ist ohne Opposition *(différence)* keine Bedeutung möglich. Damit sich jedoch die Beziehung zwischen den Elementen überhaupt zeigen kann, muß es eine Instanz geben, welche die *différence* ermöglicht. Derrida bezeichnet diese Instanz als „Spur" *(trace)*, womit er im weitesten Sinne die Möglichkeit der Graphie kennzeichnet. Es handelt sich um eine Graphie, welche „zur Bewegung der Bedeutung gehört", da sie „vor jeder Möglichkeit einer Niederschrift" durch das Festhalten der „Spuren" der einzelnen Elemente die *différence* überhaupt erst möglich macht.

Bei der Frage nach dem Prinzip, das nun seinerseits die Effekte der *trace* und somit der *différence* ermöglicht, stößt Derrida auf die *différance*. Mit diesem Begriff bezeichnet er das Muster einer Struktur ohne ein sie strukturierendes Zentrum, ohne Anfang und Ende, eines Prinzips, das „kein metaphysisches Konzept beschreiben kann". Mit dem Denken der *différance* beabsichtigt Derrida eine systematische Dekonstruktion der abendländischen Metaphysik und ihrer Begriffe. So soll das „a" von *différance* bewußt auf seine Herkunft aus dem Partizip Präsens hinweisen und die Bewegung, den sich gerade im Ablauf befindlichen Vorgang des *différer* — ein Wort, dessen verschiedene Bedeutungen noch näher erläutert werden — kennzeichnen. Die Endung *-ance* des Französischen verharrt in einer Art Mittelstellung zwischen Aktiv und Passiv, und das, was Derrida mit *différance* bezeichnet, ist weder aktiv noch passiv und drückt eine Operation aus, „die weder als Erleiden noch als Handlung eines Subjektes auf ein Objekt, noch von einem Handelnden oder Erleidenden aus gesehen werden kann." (D 47) Diese Mittellage der *différance* erlaubt es auch nicht, sie als „Ursprung" zu definieren, als etwas, das vor den von ihr erzeugten Differenzen existiert. Um sie denken zu können, ist es vielmehr notwendig, den klassischen Begriff der Gegenwart radikal zu streichen.

Als ersten Schritt in diese Richtung unternimmt Derrida eine Zerstörung
der klassischen Zeichenlehre, da hier das Zeichen die Sache ersetzt, „also die
Gegenwart in ihrer Abwesenheit repräsentiert". Wenn sich die Sache, also
das Gegenwärtige, nicht zeigt, dann kann dies über den Umweg des Zeichens
geschehen. Das Zeichen wäre demnach eine „aufgeschobene Gegenwart"
und somit nur vom Begriff der Gegenwart aus denkbar, weshalb es als „Ersatz" der eigentlichen Sache gilt. (D 47) Derrida stellt diesen sekundären
Charakter des Zeichens in Frage und postuliert mit Peirce, daß „das Ding
selbst ein Zeichen ist", daß seine Manifestation n cht auf eine Gegenwart
verweise, sondern „ein Zeichen schafft". (G 72) Diese Vorstellung verbindet
Derrida mit der Feststellung Saussures, wonach die Sprache weder Ideen
noch Laute, sondern nur konzeptuelle und phonische Differenzen, die aus
dem System hervorgehen, enthält. Dies würde bedeuten, daß das „signifié"
niemals in einer auf sich selbst bezogenen Gegenwart möglich ist und innerhalb einer Kette von systematischen Differenzen steht. Für Derrida befindet
sich das *signifié*, wie es Lacan formuliert hat, in einem „ständigen Gleiten"
unterhalb des *signifiant*.[1]

Als zweiten Schritt hin zur Zerstörung des Begriffs der Gegenwart formuliert Derrida die Frage nach dem Bewußtsein des erkennenden Subjekts
und verbindet die *différance* mit Phänomenologie und Psychoanalyse. Diese
Vorgangsweise führt nicht nur zu einer Verneinung der Gegenwart, sondern
zu einer radikalen Infragestellung der Möglichkeit eines Bewußtseins und
somit der Phänomenologie überhaupt. Gleichzeitig bewirkt sie eine Umkehrung des Verhältnisses Mensch/Sprache, eine Auflösung der Linearität der
zeitlichen Abfolge und somit einer auf Kausalität gegründeten Logik.

Die Unfähigkeit des Bewußtseins, die Gegenwart erfassen zu können,
begründet Derrida mit dem von Freud herausgearbeiteten Prinzip der Nachträglichkeit eines jeglichen Bewußtseinsaktes. Diese Nachträglichkeit bedeute, daß jeder Bewußtseinsakt eine Wiederholung sei, jedoch nicht die Wiederholung einer bereits gelebten Gegenwart, die sich innerhalb einer vergangenen oder zukünftigen Gegenwart konstituieren könnte, sondern ein ständiges Spiel von Differenzen, eine absolute Vergangenheit, d. h. „eine Vergangenheit, die nie Gegenwart war". (D 57) Deshalb vergleiche Freud das Unbewußte ständig mit einem Text graphischer Natur und weniger mit einer
Sprache. Diese Schrift des Unbewußten sei jedoch nicht transkriptiv, weshalb es keinen allgemeinen Sinn dieser Schrift geben könne. Vielmehr erfin-
de sich der Träumer seine eigene Grammatik, und darin liege auch der Grund,
warum die Traumdeutung keine Dechiffriermethode sei, mit der die „Ge-
heimschrift" des Traumes anhand eines Schlüssels einfach übersetzt werden
könnte. Derrida bezeichnet das Unbewußte als einen Text, „der aus Archi-
ven besteht, die immer schon Umschriften sind." Am Anfang stünde somit
bereits immer eine Reproduktion, eine Wiederholung, ein Text, dessen Gegenwart vom Subjekt nur nachträglich bedeutet wird. In einer wörtlichen
Auffassung — und Derrida weist ausdrücklich darauf hin — bedeutet „Nach-

trag" soviel wie „Anhang", „Postskriptum": „Den Text, den man Gegenwart
nennt, kann man nur am Ende der Seite in einem Anhang oder Postskriptum
entziffern. Vor diesem Zurückgreifen ist die Gegenwart nur die Aufforderung einer Fußnote." (F 22) Die Gegenwart ist somit für Derrida nicht ursprünglich, sondern immer nur nachträglich, sie ist nie die absolute und die
Erfahrung bestimmende Form.

Diese Veränderung der Vorstellung vom Unbewußten und seiner Beziehung zum Bewußten sowie die Zerstörung der Gegenwart sind jedoch erst
Ergebnisse des Wirkens der *différence*, während die *différance* zur Tiefenstruktur des Unbewußten gehört und von Derrida am Beispiel des widersprüchlichen Bereichs von Realitäts- und Lustprinzip illustriert wird. Im
Modell Freuds wird das Streben des Lustprinzips, die verlorene Ureinheit
mit der Mutter und den Dingen wiederzuerlangen, immer wieder vom Realitätsprinzip hinausgezögert und kann so keine Erfüllung finden. Dieses Ver-
zögern ist geradezu die Bedingung für ein Überleben des Menschen, da eine
Verwirklichung des Strebens des Lustprinzips zum Tode führen würde. Am
Urgrund der menschlichen Erfahrung stünde damit ein Widerspruch, der keine Aufhebung erfahren kann, da die Trennung von der Mutter und der Dingwelt die absolute Bedingung für die Lebensfähigkeit des Menschen ist, sein
Bestreben aber immer wieder vergeblich darauf ausgerichtet ist, die verlorene Einheit wiederzuerlangen.[2] Derrida definiert die Arbeit der *différance*
daher „als ökonomischen Umweg, als Anstrengung des Lebens, das sich
selbst beschützt, dabei aber immer das Ziel im Auge behält, die etwa unter
dem Einfluß des Realitätsprinzips vorübergehend aufgeschobene *(différer)*
Verwirklichung der Lust doch noch zu erreichen", aber gleichzeitig auch als
„Beziehung zur unmöglichen Gegenwart, Verschwendung ohne Rückhalt,
nicht wiedergutzumachender Verlust der Gegenwart, unwiederbringlicher
Verschleiß der Energie, ja als Trieb zum Tod und Beziehung zum vollständig
anderen, wobei augenscheinlich jegliche Ökonomie durchbrochen wird".
(D 60) Der Kerngedanke der *différance* liegt in diesem unüberbrückbaren
Widerspruch, wobei laut Derrida gerade jene Tendenz zur Zerstörung und
Verschwendung ihren Ausschluß aus dem abendländischen Denken bewirkt
hat. Deshalb seien „alle Dualismen, alle Theorien der Unsterblichkeit von
Seele und Geist ebenso wie die Monismen spiritualistischer, materialistischer,
dialektischer oder vulgärer Art das ausschließliche Thema einer Metaphysik,
deren gesamte Geschichte auf die Unterdrückung der *trace* ausgerichtet sein
mußte. Die Unterordnung der *trace* unter die im Logos zusammengefaßte
volle Gegenwart, das Herabsetzen der Schrift unter das Wort, das von seiner
Urfülle träumt, all dies sind Gesten einer Onto-Theologie, die den Sinn des
Seins als Gegenwart, als Leben ohne *différance* begriff und dabei zu einem
anderen Namen für den Tod wird, zu einer Metonymie, wo der Name Gottes
den Tod in Schach hält." (G 104)

Begrifflich scheint das Prinzip der *différance* überhaupt nicht faßbar,
man kann auch nicht die Frage nach dem „wie", „was" oder „wer" stellen,

denn auch diese Begriffe verweisen auf die Möglichkeit einer reinen Gegenwart. (D 54) Weiterhin löst die *différance* auch die Vorstellung ab, wonach das Zentrum einer Struktur „der Strukturalität nicht unterworfen sei". Was bleibt, ist der Bereich des Spiels der unendlichen Substitutionen. Aber selbst von diesem Punkt aus ist es noch möglich, das „Nicht-Zentrum als Verlust des Zentrums" zu denken. (S. 410) Wollte man davon nun nur ein „neues Motiv der ‚Rückkehr der Endlichkeit' oder ‚des Todes Gottes' festhalten", dann hätte man sich laut Derrida keinen Schritt von der herkömmlichen Metaphysik entfernt. (G 99) Ein solches Verhalten läge etwa vor, wenn sich der Mensch von diesem Spiel der Substitutionen frei glaubte, wodurch Ethno- und Logozentrismus weiterhin unangefochten weiterbestehen würden. Das „Ungeheuerliche" der *différance* besteht für Derrida aber gerade in der Bejahung dieses Spiels, in der Erkenntnis, „daß das Substitut nichts substituiert, was irgendwie vor ihm gewesen wäre", wobei das Subjekt mit in dieses Spiel verflochten und in ihm gefangen ist. Die *différance* ist die absolute Bejahung im Sinne Nietzsches, „die fröhliche Bejahung des Spiels der Welt und der Unschuld des Werdens, die Bejahung einer Zeichenwelt ohne Fehler, ohne Wahrheit und ohne Ursprung, die der Interpretation offensteht." (S. 411/427) Die *différance* bleibt somit unmittelbar, und Derrida kann sie nur noch mit dem Mallarmé des *Un coup de dés* [. . .] verdeutlichen, denn „dort wo die weißen Zwischenräume die wichtigste Funktion erfüllen, ist keine Intuition mehr möglich". (G 99)

Die *différance* verlangt eine volle Anerkennung des Widerspruchs zwischen Realitäts- und Lustprinzip, ohne daß einer der beiden Tendenzen der Vorrang gegeben würde. Als Folge davon betont Derrida, daß die *différance* über „nichts befiehlt, über nichts herrscht und nirgends irgendeine Autorität ausübt. Sie kündigt sich nicht mit Großbuchstaben an. Es gibt keinen Herrschaftsbereich der *différance*, vielmehr stiftet sie zum Umsturz einer jeglichen Herrschaft an. Gerade dies macht sie für alles, was in uns eine Herrschaft [. . .] wünscht, bedrohlich und unweigerlich gefürchtet." (D 60) Diese absolut un-, ja antiideologischen Eigenschaften machen nach Derrida aus ihr ein Instrument, mit dem man jede Ideologie kritisch hinterfragen kann, ohne dabei Gefahr zu laufen, daß man aus ihr selbst ein Herrschaftssystem mit einer neuen Ideologie machen könnte. Vielmehr erkennt auch die *différance* ihre eigenen, nihilistischen Voraussetzungen und mündet in eine Bejahung des „Spieles der Welt" im Sinne der „fröhlichen Wissenschaft" Nietzsches.

II. Die Vorherrschaft des ‚signifiant'

Eine Zerstörung der theologischen Vorurteile in der modernen Linguistik würde laut Derrida eine Zerstörung der klassischen Vorstellung des Zeichens und dessen hierarchischer Unterteilung in *signifiant* und *signifié* bedeuten.

Nun wird in der Linguistik das *signifiant* zwar als *trace*, als Differenz betrachtet, das *signifié* bleibt jedoch weiterhin ein unverrückbarer Sinn, „der nur in der vollen Gegenwart eines intuitiven Bewußtseins möglich ist." (G 106) Für Derrida ist aber diese Unabhängigkeit des *signifié* vom *signifiant* noch Ausdruck einer „onto-theo-teleologischen Grundeinstellung" der Linguistik. Eine Umkehrung dieses Denkens wäre erst dann möglich, wenn auch das *signifié* als *trace* gesehen würde, d. h.: wenn jedes *signifié* ursprünglich ein *signifiant* wäre. Lag bisher bei der Bewertung der Elemente des sprachlichen Zeichens das Schwergewicht auf dem *signifié*, so verschiebt Derrida dieses zugunsten des *signifiant*. Auch diese Vorherrschaft des *signifiant* begründet er mit der Vorstellung Freuds, wonach das Unbewußte mit einer Schrift vergleichbar sei, in der Klang und Körper der Wörter *(signifiant)* nicht wie in der bewußten, alltäglichen Sprache vor ihrer Bedeutung *(signifié)* verschwinden. Deshalb könne man den Körper dieser Sprache des Unbewußten nicht ins Bewußtsein ‚übersetzen', ohne ihn dabei zu zerstören. (F 21) An diesem Punkt setzt auch die Interpretation von Lacan an, der sich selbst wegen der Hermetik seiner Schriften ironisch als den „Góngora der Psychoanalyse" bezeichnet. (467)

Ausgehend von der Vorstellung Freuds, der in der Traumarbeit die Verdichtung und Verschiebung als die zwei Arten der Vorherrschaft des *signifiant* über das *signifié* sieht, weist Lacan darauf hin, daß eine solche Arbeit erst innerhalb eines Paradigmas oder einer Kette von *signifiants* möglich sei. Dies hätte zur Folge, daß sich der Sinn einzig aus dem Verweisspiel der Differenzen innerhalb des Paradigmas oder der Kette ergibt, wobei es unmöglich wäre, irgendeinem Element einen Sinn zuzuordnen, der ihm direkt entsprechen würde. Das *signifié* befindet sich für Lacan vielmehr in einem ständigen „Gleiten" unter dem *signifiant*. „Sinn" kann dabei nur nachträglich herausgearbeitet werden. Lacan stützt sich auf Saussure, der das Gleiten des Sinns mit „den verschiedenen Wellenbewegungen der himmlischen und irdischen Wasser in den Miniaturen der Genesis vergleicht, wo die feinen, gestrichelten Regenlinien vertikal die entsprechenden Segmente kennzeichnen". (502-11) Die Schrift des Unbewußten hat eine eigene Bewegungsrichtung und befindet sich in einer ständigen Verschiebung, die Lacan an anderer Stelle mit derjenigen der „Leuchtreklame" oder mit den „rotierenden Speichen einer Druckmaschine" vergleicht. (29/30) Dieses ständige Gleiten des *signifiant* bestimmt für Lacan alle psychologischen Vorgänge im Subjekt, das vollständig von der symbolischen Ordnung der Sprache beherrscht scheint. Es wird in diese Ordnung hineingeboren, und bereits das Spiel des Kindes deutet Lacan als Anpassung an die symbolische Ordnung, welche für das Subjekt etwas grundsätzlich Fremdes und, wie es Saussure formuliert hat, „keine Funktion des Sprechers" ist. Lacan geht soweit, daß er gerade für diese Exteriorität der symbolischen Ordnung gegenüber dem Menschen den Begriff des „Unbewußten" anwendet. (11, 469) Diese Vorstellung bildet dann auch die Grundlage der nominalistischen Position Lacans, wonach die Welt der Worte die Welt der Dinge schafft. (12, 29, 30, 46, 276, 468)

Welche Möglichkeiten hat nun der Mensch, sich in dieser symbolischen Ordnung selbst zu erkennen? Lacan formuliert dies als die Frage nach dem „wer spricht", wenn das Subjekt „ich" sagt. Es geht also darum, zu wissen, ob, „wenn ich von mir rede, ich der gleiche bin, von dem ich rede", ob also wirkliches Subjekt und grammatikalisches Subjekt übereinstimmen. (118, 517) Der Glaube des Menschen, sich in der Sprache erkennen zu können, erweist sich als trügerisch, da der Mensch laut Lacan in Wirklichkeit überhaupt keinen Platz in der Sprache findet: Die *signifiants* bilden ein komplettes System – komplett deshalb, weil ihre Kombinationsmöglichkeiten das ganze Feld der möglichen Bedeutungen umfassen – und stellen sich dem Subjekt als etwas Fremdes, als „das Andere" dar. In der Gesamtheit der Redeelemente findet das Subjekt keinen Platz und fungiert im System als „weiße Stelle, als Loch, als Mangel". Das Subjekt befindet sich zwischen den *signifiants*, wobei jedes beliebige *signifiant* das Subjekt darstellen kann. Die Abfolge der Redekette verläuft, unter Auslöschung des vorhergehenden, von einem *signifiant* zum anderen, d. h.: ein *signifiant* kann als „Subjekt" für ein anderes *signifiant* definiert werden. Der Eigenname verliert seine identifizierende Kraft, und das *signifiant* wird zu einer „Metapher des Subjekts", das sich nicht mehr im *cogito* denken kann. (800-819) Bewußtsein nur im *signifiant* heißt Bewußtsein im „Anderen", im bereits Vorgegebenen, weshalb Lacan die Sprache als eine zwischenmenschliche Kommunikation definiert, „wo der Sender vom Empfänger seine eigene Botschaft in umgekehrter Form zurückerhält". (41) (Diese Konstellation wird für die Interpretation der Romane von grundlegender Bedeutung sein.) Das gleiche Verhältnis postuliert Lacan auch in der Beziehung zum eigenen Unbewußten „als der Rede des Anderen, wo das Subjekt in der umgekehrten Form, wie sie dem Wunsch entspricht, seine eigene vergessene Botschaft wiedererhält". (439) Die „vergessene Botschaft" der Sprache des Unbewußten ist jedoch nichts anderes als der Wunsch, *le désir*, dessen Entstehen überhaupt erst durch die symbolische Ordnung möglich wird. Lacan definiert das Symbol als einen „Mörder des Dinges", wobei dieser „Tod" im Subjekt die Verewigung seines Wunsches – nämlich dieses Ding zu erreichen – bewirkt. (319) Die Trennung zwischen dem, was wir uns vorstellen, und der Welt der Gegenstände steht für Lacan am Ausgangspunkt des Wunsches, der den Menschen zu dem unaufhörlichen Versuch veranlaßt, durch ein ständiges Springen von einem *signifiant* zum anderen das ursprünglich Verlorene wiederzufinden. Als Metapher des Subjekts wäre das *signifiant* somit auch Metonymie des Objekts. Lacan setzt hier Verschiebung mit Metonymie und Verdichtung mit Metapher gleich. Dies entspricht jedoch nicht ganz der Freudschen Darstellung, da dort die Traumverdichtung sowohl durch Identifikation (=Metapher, z. B.: Eine Person wird durch eine andere substituiert, was dann zur Herstellung von Sammel- und Mischpersonen führt) als auch durch räumliche und phonologische Nähe bedingte Wortneubildungen (=Metonymie, z. B.: Die Neubildung „Autodidasker" aus Autor, Autodi-

dakt, Lasker, Lasalle und Alexander) wirksam wird. Die Traumverschiebung
bezieht sich bei Freud hingegen auf eine physische Macht, die „auf dem
Wege der Überdeterminierung aus minderwertigen [Elementen]neue Wertig-
keiten schafft, die dann in den Trauminhalt gelangen. Wenn das so zugeht,
so hat bei der Traumbildung eine Übertragung und Verschiebung der physischen Intensitäten der einzelnen Elemente stattgefunden, als deren Folge
die Textverschiedenheit von Trauminhalt und Traumgedanken erscheint."[3]
    Da das Subjekt, aufgrund des im wahrsten Sinne ‚exzentrischen' Ver-
hältnisses zu seinem Unbewußten, dazu gezwungen ist, unter der Form von
Metapher und Metonymie die Kette der *signifiants* in einem ständigen Wie-
derholungszwang zu durchlaufen, um so das ursprünglich verlorene Objekt
wiederzufinden, werden sowohl eine reine Gegenwart als auch ein absoluter
Ursprung unmöglich. Der Mensch kann daher laut Lacan in allen möglichen
Zeitstufen, nur nicht in der Gegenwart, leben: „Das, was sich in meiner Geschichte realisiert, ist weder das *passé défini* dessen, was war, weil es nicht
mehr ist, noch das Perfekt dessen, was gewesen ist, in dem, was ich bin,
sondern das *futur antérieur* dessen, was ich gewesen sein werde, für das,
was ich im Begriff bin zu werden." (300)
    Somit gelangt Lacan, vor und unabhängig von Derrida, zu dem Ergebnis,
daß jedes *signifiant*, ohne daß es einen Ursprung gäbe, als *trace* bereits eine
Wiederholung ist, daß jeder Bewußtseinsakt nur nachträglich möglich ist,
wodurch das Sein zu einer „signifikanten Spur" ohne transzendentalen
Sinn wird. Das *signifié* existiert niemals in einer vollen Gegenwart, sondern
ist nur im Rahmen des Spiels der Differenzen möglich. Was bleibt, ist das
Spiel der Welt als ein Spiel einer ständig auf sich selbst verweisenden Kette
von *signifiants* ohne Zentrum, Anfang und Ende.
    Obwohl Lacan seine Lehre zu therapeutischen Zwecken konzipiert hat
und Derrida mit seiner ‚Ideologie der Nicht-Ideologie' eine Befreiung aus
metaphysischen Konzepten anstrebt, entgehen beide nicht der Gefahr einer
neuen, antihumanistischen Ideologie. In den Systemen von Lacan und
Derrida hat das erkennende Subjekt keinen Platz mehr. Seine Freiheit wird
durch die Vormacht der Sprache sowie der Kräfte des Unbewußten aufgelöst, und eine Entwicklung des Menschen hin zu einer Aufhebung seiner
fundamentalen ‚Entfremdung' von sich selbst und der ihn umgebenden Welt
wird ausgeschlossen. Bester Ausdruck dafür ist die in der *différance* ange-
legte Vorstellung eines Mechanismus, der das Streben des Lustprinzips auf-
schieben muß, damit überhaupt ein Überleben des Menschen möglich ist.
Gemäß der These Lacans ist diese Widersprüchlichkeit der *différance* das
notwendige Ergebnis des Prozesses der Menschwerdung, da die Anpassung
des Menschen an die symbolische Ordnung der Sprache zwar die absolute
Bedingung für den Prozeß seiner Bewußtwerdung bildet, aber gleichzeitig
zu einer unwiderruflichen Zerstörung der ursprünglichen Einheit mit der
Mutter und der Dingwelt führt. Das zentrale Streben des Lustprinzips, zu
der verlorenen Ureinheit zurückzukehren, würde die Auflösung des Sub-

jekts bedeuten und wird daher vom Realitätsprinzip immer wieder aufgeschoben und unmöglich gemacht. Die ‚Entfremdung' des Menschen wäre somit die Grundbedingung seiner Existenz, und jeder Versuch, diese Entfremdung aufzuheben, bliebe illusorisch.

III. Der Tod des Menschen

Aus den bisherigen Darlegungen folgt, daß die symbolische Ordnung die den Menschen bestimmende Form ist, denn sie ermöglicht ihm eine Distanzierung von der Dingwelt und somit überhaupt erst Denken und Bewußtsein. Sieht man jedoch, daß die symbolische Ordnung keine Funktion des sprechenden Subjekts ist, sondern dieses sich vielmehr in sie einordnen muß; daß sie keineswegs die Adäquatheit zwischen dem sprachlichen Formulieren und dem eigenen Erleben sichert, sondern daß sich das Subjekt in seiner Rede von sich selbst und der Wahrheit seines ‚Wesens' entfernt; daß Selbstbewußtsein und Sein als volle Gegenwart nur trügerische Vorspiegelungen einer Sprache sind, die im Dienst einer „onto-theo-teleologischen" Ideologie steht, dann müßte notwendigerweise auch das gegenwärtig herrschende Menschenbild als ein Produkt dieser Sprache erscheinen. Diese Vorstellung steht im Mittelpunkt von Les mots et les choses, wo Foucault die seit der Renaissance erfolgte wissenschaftstheoretische Entwicklung als Ausdruck einer jeweiligen Veränderung in der Sprachauffassung deutet. Wie Foucault in seinen Analysen nachweist, ist eine wirkliche Wissenschaft vom Menschen nicht viel mehr als 150 Jahre alt, da innerhalb der bis zum Ende des 18. Jahrhunderts herrschenden Epistemologie der Mensch als zu untersuchendes Objekt keinen Platz hatte. Zwar konnten der Humanismus der Renaissance und auch der Rationalismus der Klassik dem Menschen einen privilegierten Platz in der Ordnung der Welt einräumen, sie konnten jedoch nicht den Menschen in seiner zweideutigen Stellung eines Objekts für ein Wissen und eines Subjekts, das weiß, denken. (320-329)

In der Frage Nietzsches, ob der Mensch wirklich existiere, sieht Foucault bereits die erste Infragestellung der im 19. Jahrhundert entwickelten und unser Denken bis heute beherrschenden Epistemologie. Das zentrale Anliegen der weiteren Ausführungen Foucaults bildet daher die wissenschaftstheoretische Fundierung des gegenwärtigen Antihumanismus. Der Mensch kann sich demnach als ein doublet empirico-transcendental weder in der „souveränen und unmittelbaren Transparenz eines Cogito", noch in der „objektiven Unbeweglichkeit dessen, was niemals in sein Bewußtsein gelangt", denken. In das Zentrum der Überlegungen trat somit in zunehmendem Maße jener „schweigende Horizont, der sich in der sandigen Ebene des Nicht-Gedachten erstreckt", und jede transzendentale Überlegung mußte sich laut Foucault von nun an folgende Fragen stellen: „Wie kann der Mensch denken, was er nicht denkt; bewohnen, was ihm entflieht [. . .],

nämlich jenes Bild von sich selbst, das sich ihm unter der Form einer starr-
köpfigen Exteriorität präsentiert? Wie kann der Mensch dieses Leben sein,
dessen Verzweigungen, Pulsschläge und verborgene Kraft die Erfahrung,
die ihm davon unmittelbar gegeben ist, unendlich übersteigen? Wie kann
der Mensch diese Arbeit sein, deren Forderungen und Gesetze sich ihm wie
eine fremde Strenge aufzwingen? Wie kann er das Subjekt einer Sprache
sein, die sich seit Jahrtausenden ohne ihn herausgebildet hat, deren System
ihm nicht zugänglich ist, deren Sinn, den er durch seine Rede für einige
Minuten aufflackern läßt, in einem fast unbezwingbaren Schlaf in den Wörtern schlummert, einer Sprache, in der er seine Worte und Gedanken unter-
bringen muß, so als ob sie nur für einige Zeit einen Ausschnitt aus dieser
Reihe von unzähligen Möglichkeiten beleben würden?" (334) Das Cogito
führt somit laut Foucault nicht mehr zu einer Bestätigung des Seins, sondern eröffnet eine ganze Reihe von Fragen, wo es gerade um das Sein geht,
um die Frage, wie das Ungedachte, wie jene Kräfte des Anderen, „die wie
ein Schatten dem Bewußtsein des Menschen unzugänglich bleiben", gedacht
werden können. Daher überträgt Foucault der Psychoanalyse eine führende
Stellung innerhalb der Wissenschaft, denn sie ist es, die im Gegensatz zu den
sciences humaines, der traditionellen Wissenschaft vom Menschen, die Grenze hin zum Ungedachten und nicht mehr Darstellbaren überschreitet und
dort, „wo man die Funktionen, die ihre Normen selbst beinhalten [1], die
Konflikte mit ihren Regeln [2] und die Bedeutungen, die systembildend
sind [3], erwartet hätte, die nackte Tatsache herausarbeitet, daß es dort
überhaupt ein System gibt (folglich Bedeutung) [3], Regeln (folglich Opposition) [2], Norm (folglich Funktion) [1]. In dieser Region [. . .] zeichnen
sich die drei Figuren ab, in denen sich das Leben mit seinen Funktionen
und Normen in der stummen Wiederholung des Todes, den Konflikten und
Regeln in der nackten Offenheit des Wunsches sowie den Bedeutungen und
Systemen einer Sprache, die gleichzeitig Gesetz ist, begründet."
      Von hier aus kündigt sich nun der Tod des Menschen an, jenes Schlag-
wort, durch das die Gedanken Foucaults bis zur Unkenntlichkeit populari-
siert wurden. Foucault versteht darunter das Verschwinden der immer noch
herrschenden Anthropologie, die sich zwar philosophisch gebe, aber ständig
empirische und transzendentale Bereiche vermische. An ihre Stelle soll dafür entweder eine „gereinigte Ontologie" oder „ein radikales Denken des
Seins" oder aber, unter Ausklammerung eines jeden Historizismus und
Psychologismus, wieder das Projekt einer „allgemeinen Kritik der Vernunft"
treten. Somit würde das Ende des Menschen „die Wiederkehr des Beginns
der Philosophie bedeuten". Für alle diejenigen, „die noch vom Menschen,
von seiner Herrschaft oder Befreiung" sprechen wollen, die noch die Frage
nach seiner Essenz stellen, die noch von ihm ausgehen, um Zugang zur
Wahrheit zu erhalten, die „nicht denken wollen, ohne zu denken, daß es
der Mensch ist, der denkt", hat Foucault nur noch ein philosophisches Lachen − oder Schweigen − übrig. (354)

Noch deutlicher als bei Lacan und Derrida sind der Antihumanismus und Agnostizismus Foucaults Ausdruck einer Ideologie, welche das System über den Menschen stellt und ihm jede Intuition abspricht. Der ideologische Charakter wird um so deutlicher, als auch eine gegenteilige Deutung möglich wäre, und wonach die Erkenntnis, „wie sehr mein Ich durch mir unbewußte Gesetze der Sprache in seinen Verlautbarungen eingeschränkt ist, einen Zuwachs an Selbsterkenntnis, eine richtige Einschätzung meiner Subjektivität erlauben" könnte.[4]

IV. Die Rückkehr der Sprache

Die Auflösung der klassischen Epistemologie zu Anfang des 19. Jahrhunderts führte nach Foucault in der Biologie und Ökonomie zu einer Konzentration und größeren Verdichtung, während die Zerstörung des *discours classique* die Sprache in viele Einzelaspekte zersplitterte und ihre Einheit auflöste. Darin sieht er den Grund, daß sich die Philosophie stärker auf die Untersuchung von Leben oder Arbeit als auf die Reflexion der Sprache konzentrierte. Für Foucault taucht die Sprache erst wieder in dem von Nietzsche geöffneten philosophisch-philologischen Raum auf und erinnere in ihrer Rätselhaftigkeit in mancherlei Hinsicht an die Sprachauffassung der Renaissance, da die Loslösung der Sprache vom Grundsatz der „Darstellung" wieder ihren Dingcharakter in Erscheinung treten lasse. (314) Zum bevorzugten Gebiet dieser Erfahrung werde die Literatur, die in zunehmendem Maße ihre Autonomie in der Loslösung von den Forderungen der Mimesis erblicke und von Foucault als *contre-discours* definiert wird, in welchem die Sprache nur noch auf sich selbst verweist. Die Sprache der modernen Literatur „wächst ohne Anfang, Ende und Ziel". (59) An anderer Stelle definiert Foucault diesen Raum der Sprache als „den Abstand zwischen der Frage Nietzsches" nach dem „wer spricht" und der Antwort Mallarmés, daß es einzig und allein das Wort „in seiner Einsamkeit und zerbrechlichen Vibration", nicht sein Sinn, sondern jene schwarze Linie, jene materielle Seite des Wortes sei. (316/17)

Die Fragestellung der modernen Literatur wäre somit — ganz wie die von Psychoanalyse und Philosophie — die nach dem *signifiant*. Es ist deshalb auch nicht verwunderlich, daß Lacan, Derrida und Foucault zur Illustration ihrer Theorien ständig Beispiele aus der Literatur und den bildenden Künsten heranziehen, während ihrerseits die literarische Theorie und Praxis einer Avantgardegruppe wie Tel Quel mit an der Ausarbeitung der wissenschaftlichen und philosophischen Theorien beteiligt und ohne diese überhaupt nicht verständlich sind.

Die Vorherrschaft des *signifiant* führt neben der Auflösung von Begriffen wie Gegenwart, ursprünglicher Sinn etc. auch zu einer Auflösung des linearen Denkens und somit der Kausalität. Ganz wie die Kritik an der „ontotheologischen" Zeit- und Seinsauffassung bezieht auch die Kritik am Prinzip der Linearität und Kausalität ihre Ansatzpunkte aus der Psychoanalyse Freuds, der in der Sprache des Traums keine Folge, sondern vielmehr eine nicht-lineare und nicht unbedingt den Gesetzen der Nicht-Widersprüchlichkeit folgende Verkettung von *signifiants* sieht. Deshalb vergleicht Freud auch ständig den Traum mit einer Schrift piktographisch-hieroglyphischen Charakters. Die gesprochene Sprache spielt hingegen in der Trauminszenierung keine wichtige, sondern nur eine untergeordnete Rolle, die mit derjenigen vergleichbar ist, die sie in Comic strips erfüllt, nämlich lediglich die, das Dargestellte zu unterstützen. Da die kausalen Fügungen der normalen Sprache im Traum nicht dargestellt werden können, sind eine Simultaneität der Abläufe und eine damit verbundene Mehrdeutigkeit grundsätzliche Kennzeichen der Traumlogik. Für den Betrachter präsentiert sich der Traum wie jenes Gesellschaftsspiel, ,,wo man eine bekannte Aussage oder deren Variante durch das alleinige Mittel einer stummen Inszenierung zu raten geben muß"[5]. Vor diesem Hintergrund wird dann auch die formale Entwicklung der modernen Literatur hin zu spatialen und simultanen Schreibweisen, die von Mallarmé über die Surrealisten und Garnier bis hin zur *écriture textuelle* der Gruppe Tel Quel verläuft, überhaupt erst verständlich und gleichzeitig epistemologisch abgegrenzt.

Anmerkungen

1   Vgl. Abschnitt II dieses Kapitels.
2   Vgl. Baudry, ,,Freud et la ,création litteraire' ", 173. Ebenso die Ausführungen von Goux in Kapitel 2, II.
3. Freud, *190-212*.
4   Schiwy, *Neue Aspekte*, 154.
5   Lacan, 511. Vgl. Derrida, F 27 sowie unser Freudzitat in Kapitel III, Anmerkung 17.

2. Kapitel

Tel Quel

I. Die Entwicklungsphasen der Gruppe

Tel Quel nennt sich sowohl eine Gruppe von Autoren als auch eine Zeitschrift, die 1960 zu dem Zeitpunkt gegründet wurde, wo der Nouveau Roman bereits zur beherrschenden Romanform geworden war. Zu dem Autorenkollektiv der Gruppe zählten Schriftsteller und Theoretiker wie Jean Louis Baudry, Jean-Pierre Faye, Jean-Joseph Goux, Jean-Louis Houdebine, Julia Kristeva, Marcelin Pleynet, Jean Ricardou, Jacqueline Risset, Denis Roche (nicht mit Maurice Roche zu verwechseln!), Pierre Rottenberg, Philippe Sollers und Jean Thibeaudeau. Die Entwicklung der Gruppe läßt sich in drei deutlich voneinander getrennte Phasen einteilen, wobei Phase 1 ganz unter dem Einfluß des Nouveau Roman und der russischen Formalisten, Phase 2 unter dem Einfluß Derridas, Foucaults und Lacans sowie einer materialistischen, am Marxismus-Leninismus orientierten Sprachauffassung und Phase 3 unter dem Einfluß der Ereignisse des Mai 1968 und der darauffolgenden Ideologisierung und Verhärtung der Positionen von Phase 2 stehen.[1]

Phase 1:

In der ersten Phase, deren Dauer bis etwa Mitte 1963 anzusetzen ist, steht die Gruppe sehr stark unter dem Einfluß des russischen Formalismus und betont besonders die sprachliche Autonomie des literarischen Kunstwerks, für das es weder biographische, noch soziologische und psychologische oder gar literaturhistorische Zugänge gebe. Gemäß dem von Nietzsche entnommenen Leitmotiv „Ich will die Welt, und ich will sie, so wie sie ist" *(tel quel)*, setzt sich die Gruppe mit ihrem Programm *(Tel Quel 1)* zum Ziel, das Interesse wiederzufinden, „das diese Welt verdient, diese Welt, so wie sie ist", mit „der unendlichen Skala ihres Reichtums und ihrer Möglichkeiten". Ziel ist es also, sich die Wirklichkeit „anzueignen", sie im Kunstwerk darzulegen, und weniger, sie in Frage zu stellen. Es ist daher auch nicht weiter verwunderlich, daß der Nouveau Roman und hier vor allem Robbe-Grillet positiv beurteilt werden. Heft 2 enthält dementsprechend — gleichsam als ein zweites Programm — eine positive Auseinandersetzung mit Robbe-Grillet und feiert seine Romane, speziell den soeben erschienenen *Dans le labyrinthe*, als ein „Äquivalent der Welt und des Mechanismus unseres Denkens." (51)

Neben literarischen Versuchen und Entwürfen zu den späteren Romanen der Mitglieder von Tel Quel wird in den ersten Jahrgängen der Zeit-

schrift vor allem eine Dokumentation über literarische Vorbilder zusammen-
getragen. Die Namen reichen von Artaud, Bataille, Blanchot, Borges, Dante,
Eco, Eliot, Eluard, Flaubert, Gadda, Goethe, Hölderlin, Hopkins, Joyce,
Kafka, Lautréamont, Mallarmé, Musil, Ponge, Pound, Rilke, Sade, Trakl,
Valéry bis hin zu Virginia Woolf. Unter ihnen kristallisiert sich eine ‚Ahnen-
galerie' von *poètes maudits* heraus, deren zentrale Namen die von Sade,
Lautréamont, Mallarmé, Artaud und Bataille sind.

Die in dieser Epoche geschriebenen Romane[2] unterscheiden sich bereits
in wesentlichen Punkten von den Romanen Robbe-Grillets. Mit einem
1963 erschienenen Aufsatz ist Foucault wohl der erste, der diese Unterschiede näher herausstellt.[3] Er zeigt, daß in diesen Romanen zwar Gegenstände beschrieben werden, die ihre Existenz einzig und allein den Romanen Robbe-Grillets verdanken, daß diesen Gegenständen jedoch jenes „innere Volumen", das in den Romanen Robbe-Grillets einen Abstand zu den
Dingen schaffe, fehlt. In den Romanen von Sollers und Baudry scheint alles
wie durch einen Spiegel geschaut, wodurch die Trennung zwischen Subjekt
und Objekt verlorengehe. (11-14) Als zweites Merkmal stellt Foucault eine
veränderte Zeitstruktur fest, die nicht mehr linear von der Vergangenheit
in die Zukunft reicht, sondern sich mit ihren verschiedenen Schichten
gleichsam auf der Stelle bewegt, wodurch der Schwerpunkt der Verben auf
den Aspekt verlagert wird. Im Raum, der so entsteht, würden die Gegen-
sätze zwischen innen und außen, subjektiv und objektiv, real und imaginär
nicht mehr gelten. Dadurch komme es zur Ausbildung einer Sprache, die
nicht mehr die der Subjektivität sei, sondern zur Auslöschung des Eigenna-
mens zugunsten der Personalpronomen führe. (22)

Die Grundtendenz von Phase 1 ist noch idealistisch, und dementsprechend
sieht Sollers in einer 1962 geschriebenen Abhandlung das Ziel der Literatur
in der menschlichen Selbsterkenntnis, indem die Fiktion „zugleich sagt, was
man nicht weiß, und zum Leben bringt, was man weiß"[4]. Idealistisch ist
diese Auffassung auch in der abschließenden Feststellung, wonach der
Mensch über die Welt und die Wirklichkeit entscheidet.[5] (42)

Phase 2:
Dieser gleiche Aufsatz, der 1963 in *Tel Quel* 15 erschien, formuliert aber
bereits auch eine andere, nicht-idealistische Auffassung und kann als die erste eigenständige Literaturtheorie der Gruppe angesehen werden. Er leitet
jene zweite Phase ein, die Ende 1967, endgültig jedoch im Mai 1968, ihren
Abschluß findet. Zentraler Ansatzpunkt ist dabei die eng mit der Frage
nach der Identität des Ich verbundene Thematik des *déjà vu*-Erlebnisses, der
Reminiszens. (18-24) Zwar deutet Sollers diese Erkenntnis, die für ihn zu
einem besseren Verstehen des Menschen führt, noch positiv, fordert aber
bereits in Anlehnung an Rimbaud und Lautréamont eine „unpersönliche
Dichtung", die am Vorbild der Psychoanalyse orientiert sein sollte. (27)
Gerade dieses Vorbild bewirkt in zunehmendem Maße eine antihumanisti-

sche Einstellung, die dem Menschen jegliche Handlungsfreiheit abspricht und schließlich zur Negierung des traditionellen Menschenbildes führt. Definitiver Wendepunkt ist hierbei 1966, das Erscheinungsjahr der gesammelten Schriften Lacans sowie Foucaults *Les mots et les choses.* Eine weitere wichtige Änderung, die sich bereits in *Logique de la fiction* abzeichnet, ist eine an Quincey und Poe orientierte Auflösung der linearen Zeitvorstellung zugunsten einer Simultaneität und Pluridimensionalität der Gedanken, wodurch eine Aufhebung der Vorstellung von Ursache und Wirkung erreicht werden soll. Gefordert wird eine a-kausale, permutative Schreibweise, die sich am Vorbild des chinesischen Tao und des *Livre* von Mallarmé orientiert und zum ersten Mal von Sollers in seinem Roman *Drame* verwirklicht wurde, der nach den Prinzipien des *Yi-King* strukturiert ist. Zentrales Thema von *Drame* und von den in seiner Nachfolge von anderen Autoren verfaßten Romanen ist das psychoanalytische Problem des „nach vorne getragenen Rückerinnerns" *(ressouvenir porté en avant).* (28) Dadurch wird der Raum des Romans gleichsam gedoppelt, da, wie wir bereits im ersten Kapitel am Beispiel der Freudinterpretation Lacans und Derridas herausgestellt haben, jedes Erinnern als Lektüre eines bereits bestehenden Textes gedeutet wird.

Überträgt man diesen Aspekt auf den dichterischen Schaffensprozeß, dann wird, da der Autor bereits in einer Welt bestehender Texte lebt, aus dem Akt des Schreibens ein Akt des Lesens. Dieser Gedanke erfährt unter dem von Kristeva geprägten Begriff der „Intertextualität" eine an der Semiotik orientierte methodologische und theoretische Fundierung.[6]

Eine weitere eigene theoretische Ausarbeitung erfolgte 1966 unter bewußter Bezugnahme auf Derrida und dessen Begriff der *écriture* in einem Aufsatz von Sollers.[7] Dort entwickelt er die Vorstellung einer nicht mehr die Wirklichkeit reproduzierenden *écriture* und der Literatur als einer „Produktion von Texten". Auch diese Ansätze werden in der Folge von Kristeva theoretisch weiterentwickelt.

Ein endgültiges Programm, das gleichzeitig alle bis dahin erarbeiteten Ideen (Antihumanismus, psychoanalytische Fragestellungen, Intertextualität, a-kausale *écriture* und Textproduktion) zusammenfaßt, wird erst in *Tel Quel* 31 (1967) vorgelegt. Es handelt sich dabei um *Programme* von Sollers und *Ecriture, fiction, idéologie* von Baudry.

Zu diesem Zeitpunkt kristallisiert sich bereits deutlich die hauptsächlich von Kristeva entwickelte wissenschaftstheoretische Grundlegung einer an Marx und Lenin orientierten materialistischen Sprachauffassung heraus, die ihre anschließende Ausarbeitung und Übertragung auf die Frage nach der Sprache als einem Produktionsmittel in dem Aufsatz *Marx et l'inscription du travail* von Goux in *Tel Quel* 33 (1968) findet.

Mit dieser Sprachauffassung ändert sich allerdings die Haltung gegenüber der Tradition ganz entschieden: Neben einer jeden sich realistisch gebärenden Literatur wird auch der Surrealismus, der in den Augen von Tel Quel

„in der Falle eines oberflächlichen Klassizismus und Barockismus" hängen-
blieb, ebenso abgelehnt wie der Positivismus des Nouveau Roman, der zwischen einem „psychologistischen Überbleibsel (dem *stream of consciousness)*
und einem Deskriptionismus dekorativ strukturaler Art" schwanke.[8] Statt
dessen wird die Ausarbeitung formaler Organismen gefordert, welche die
Dichtung aus ihrer „orakelhaften Versumpfung" befreien sollen, um so zu
einer „rhythmischen, desakralisierten Kombinatorik" zu gelangen. Dies bedeute eine Loslösung der Literatur von einer „pseudo-realistischen oder
imaginären Abbilderei" hin zu einem Funktionieren der „Tiefenstruktur"
der Sprache. Die „Wirklichkeit" sei nun nicht mehr jener „ewige Ausschnitt",
der auf jeweils verschiedene Art und Weise analysiert werde, sondern ein
„transformierender Schaffensprozeß", der durch die Sprache als einem
Produktionsmittel gesteuert werde.[9] Dabei verselbständigt sich die Sprache,
wodurch die Rolle des Individuums innerhalb der sich selbst regulierenden
Transformationskombinatorik immer mehr reduziert wird, bis es schließlich ganz verschwindet.

Diese Tendenz läßt sich deutlich aus den in dieser Phase geschriebenen
Romanen ablesen, aus denen das Subjekt in zunehmendem Maße verschwindet.[10] Für das schriftstellerische Schaffen der Gruppe ist diese Phase die
wohl fruchtbarste und bringt sowohl in thematischer und stilistischer als
auch in formaler Hinsicht qualitativ hochstehende und in der Ausnutzung
der sprachlichen Möglichkeiten des Französischen bisher einmalige Romane hervor.

Phase 3:
Bereits vor Mai 1968 waren Tendenzen spürbar, die den an Marx und Lenin
orientierten Materialismus als Methode zunehmend zugunsten parteipolitischer Zielsetzungen umfunktionieren wollten.[11] Die Ereignisse des Mai
1968 erzwangen schließlich eine Stellungnahme, wobei sich Tel Quel im
Namen des von der Gruppe vertretenen Antihumanismus gegen die ihrer
Meinung nach anarchistische Bewegung ausspricht und einen konsequenten,
an die Parteidisziplin gebundenen Marxismus-Leninismus fordert. Jean
Pierre Faye verläßt Tel Quel und gründet zusammen mit Jean-Claude Montel, Jean Paris, Léon Robel, Maurice Roche, Jacques Roubaud und Jean-
Noël Vuarnet die Gruppe Change, die anfänglich die Ideen von Tel Quel
weiter ausbaut, jedoch seit 1971 zu einem erbitterten Gegner von Tel Quel
geworden ist. Tel Quel selbst ist seit 1968 immer mehr zum Schauplatz
ideologischer Auseinandersetzungen innerhalb der eigenen Reihen geworden. Der Streit zwischen Marxisten-Leninisten und Maoisten führt schließlich zu der sich maoistisch gebenden „Bewegung des Juni 1971".

Die nicht sehr umfangreiche literarische Produktion dieser Phase verfolgt konsequent die Verwirklichung der gegen Ende von Phase 2 ausgearbeiteten Thesen. Die verstärkte Betonung des Antihumanismus und der
materialistischen Sprachauffassung führt dazu, daß die Romane, ohne jegli-

chen Bezug auf ein perzipierendes Bewußtsein, sich als reine Texte darbieten, in denen nur noch die Sprache operiert.[12]

II. Sprache als Produktionsmittel: die materialistische Sprachauffassung von Tel Quel

Vor dem Hintergrund der Entscheidung Stalins, daß die Sprache nicht zum Überbau gehöre, sondern allgemein instrumentalen Charakter habe, und daß die Ordnung der Sprache immer jene der sozialen Realität beeinflusse,[13] setzt Goux seine Ergebnisse einer Analyse des *Kapitals* in Beziehung zu linguistischen Phänomenen und unterzieht die „symbolische Ökonomie" der gleichen Analyse, wie dies Marx mit der politischen Ökonomie getan hat.[14]

Da die Linguistik immer wieder den Tauschcharakter, d. h. den kommunikativen, expressiven, übersetzbaren Charakter der Sprache betont, sieht Goux deren Zeichen als Objekte einer „kommerziellen Transaktion". Wie jedes andere Produkt müßte dabei auch das sprachliche Zeichen einen Gebrauchswert haben, was impliziert, daß das Produkt nicht nur unmittelbar als Konsumationsobjekt, sondern über einen Umweg auch als Produktionsmittel dienen kann, wodurch aus den sprachlichen Zeichen die Produktionsmittel für andere Zeichenkombinationen werden können. In der Vernachlässigung des Gebrauchswertes der sprachlichen Zeichen sieht Goux nichts anderes als die Verschleierung ihres produktiven Wertes bei der Erzeugung von Sinn: „Die ‚Fabrik' des Textes (Arbeit und Struktur, Herstellung und Methode) wird unter der verkäuflichen Transparenz (des Sinnes) ausgelöscht (oder vielmehr vergessen/verdrängt)." (189)

Wesentlichster Punkt beim Tausch der Waren ist nach Marx das Außerachtlassen ihres Gebrauchswertes. Durch das Zurückführen eines jeden Produktes auf ein gemeinsames Maß, „auf einen Ausdruck, der von dem äußeren Aspekt des Produktes verschieden ist", wird überhaupt erst die Voraussetzung für jeglichen Tausch geschaffen. Der gemeinsame Nenner, auf den die Waren gebracht werden, ist der Wert. Als Parallele zu der so entstandenen Opposition zwischen Tauschwert und Gebrauchswert nennt Goux in den Bereichen von Wort und Schrift die Opposition zwischen *signifié* und *signifiant*: „Ebenso wie im bürgerlichen Produktionsprozeß, der, so wie ihn Marx beschreibt, vom Wert beherrscht wird, der Körper der Handelsware und die verschiedenen konkreten Formen, die eine Art der Arbeit von der anderen unterscheiden, abstrahiert werden, wird auch der Körper des Buchstabens (und alles, was in ihm die Unmöglichkeit einer Übersetzung bezeichnet) im Element des Sinns abstrahiert und reduziert [. . .]" (190) Somit wären die Verschleierung und Ausbeutung der Leistung der Arbeit mit der Unterdrückung der *écriture* identisch.

Eine weitere Ähnlichkeit zwischen symbolischer und ökonomischer

Ordnung deckt Goux bei der Untersuchung der Vorrangstellung von Geld und gesprochener Sprache innerhalb der Gesamtheit von Waren und Zeichen auf. So wie unter der ursprünglichen Vielzahl von Waren ein einziges Element, nämlich das Geld, sei unter der Menge der möglichen Zeichen (Gesten, Zeichnungen, Signale etc.) das sprachliche Zeichen schließlich zum gemeinsamen Nenner geworden, woraus in beiden Fällen eine privilegierte Stellung erwachse. Das System des Geldwertes entsteht laut Goux dadurch, „daß die Metalle Silber oder Gold, die weit davon entfernt sind, Arbeitsprodukte oder Waren zu sein, ihren Wert nur als Produkt haben, in dem sich eine gewisse soziale Arbeit kristallisiert, daß sie nur einfache Zeichen sind", die durch den Wert bereits „transzendiert" werden. (193) Dieser Eindruck werde noch dadurch verstärkt, daß das Geld seinerseits durch einfache Zeichen (etwa Papier) ersetzt werden könne, wodurch es zu einer „willkürlichen Schöpfung des menschlichen Gehirns" gestempelt würde. Auch das linguistische System sei überaus ähnlich strukturiert: „Die phonischen und skripturalen Materialien werden zu ‚einfachen Zeichen', zu einfachen *signifiants* (eines äußeren, transzendentalen Sinns); man verweigert ihnen ihren hervorbringenden Charakter (eines Produktionsmittels) und ihren hervorgebrachten Charakter (eines Produkts). Der Tatbestand, daß der Sinn nur ein Produkt der Arbeit realer Zeichen, das Resultat der Fabrik des Textes ist, wird ebenso verheimlicht wie der Warencharakter des Geldes (bearbeitetes Metall, das Wert nur durch diese Arbeit hat), um daraus ein sekundäres, willkürliches Zeichen — ‚ein einfaches Zeichen' zu machen." (193/94) Steht nun etwa Papiergeld als „einfaches Zeichen" für Goldwährung, dann erscheint auch die Schrift als einfacher Ersatz (*signifiant* eines *signifiant* bei Derrida), während sie ihren Wert nur durch das dahinterstehende gesprochene Wort erhält: „Die moralisierende und psychologisierende Lektüre der ‚*écriture*', die nach der Ernsthaftigkeit des Autors fragt, verweist sehr genau auf das Problem von Kredit und Inflation. Es handelt sich dabei immer darum zu wissen, ob die Golddeckung des Schriftstellers (seine *parole*) seiner *écriture* entspricht, ob er das Kapital besitzt, das seine Form deckt. Die Beziehungen zwischen Inhalt und Form, welche die moralisierende Leseweise aufwirft, lassen sich auf die Angst vor dem ungedeckten Scheck, vor der Falschmünzerei zurückführen." (199)

In einem weiteren Schritt vergleicht Goux die Analysen Derridas mit denen von Marx und verweist auf die Übereinstimmung zwischen der Fundierung des gesprochenen Wortes auf Kosten der *écriture* und der Begründung des Wertes einer Ware auf Kosten der abstrakten Arbeit, die ihrerseits von der „monetären Schrift" ausgelöscht werde. Logozentrismus und Fetichismus von Geld und Ware hängen demnach eng zusammen: „Der Logozentrismus ist der linguistische Name eines herrschenden und universellen Prinzips der Käuflichkeit, das auf der abstrakten Arbeit beruht." (198) Entspricht die abstrakte Arbeit, als Grundlage für das Entstehen von Wert, dem Prinzip der *écriture*, die, unabhängig vom Ausdrucksmaterial, die Grundlage eines jeden Bedeutungssystems darstellt, dann entspricht laut Goux die konkrete Arbeit, deren „Nutzen durch den Gebrauchswert ihres Produkts dargestellt wird", dem Begriff der *différance*. Die von Derrida herausgestellte Widersprüchlichkeit der *différance*, wonach das durch die Menschwerdung bedingte Streben des Lustprinzips immer wieder durch das Realitätsprinzip aufgeschoben werden muß, da der Mensch nur so lebensfähig bleiben kann, findet Goux bereits in den ökonomischen Analysen von Marx. Diese gehen davon aus, daß ein Produkt als Gebrauchswert entweder auf direktem Weg oder aber auf einem Umweg, der es zu einem Produktionsmittel macht, konsumiert werden kann. Im letzten Fall sind für Goux „Arbeitsmittel und -objekt vollständig in einem Umweg eingeschlossen, und auch die Arbeit selbst gründet auf einem Umweg. Sie stellt einen umgeleiteten Gebrauch dar, und die Arbeitsmittel sind in sich selbst die Instrumente eines Umwegs der Produktion." Ähnlich sieht für Goux auch die Analyse Derridas aus: Die *différance* wirkt als Aufschub, so wie die Arbeit „die Konsumtion der Produkte als Mittel zum Vergnügen" aufschiebt, um sie als „Mittel zum Funktionieren der Arbeit zu konsumieren". (199) Es handelt sich also um den Unterschied zwischen Lust- und Wirklichkeitsprinzip, wonach jede Arbeit ein Umweg, jeder Genuß eine Abkürzung ist. Goux definiert die *différance* als eine unveränderliche Tiefenstruktur, welche die Trennung zwischen Arbeit und Genuß zementiert. Die Bewegung der *différance* dient demnach nicht dem „Hinauszögern einer möglichen Lust, sondern, durch die List der Produktion, der Verhinderung eines sicheren Todes. Sie ist die Abweichung, die einen Genuß auf lange Zeit hinauszögert, und ohne die überhaupt kein Genuß im Augenblick (ohne Aufschub) möglich wäre. Der Gegensatz zwischen dem Umweg (des Leidens und der Produktion) und der Abkürzung (des Genusses) wäre somit weder das Thema der Sexualität noch das der Arbeit, sondern das Fundament ihrer Einführung und Trennung." (200) Allerdings scheint sich Goux nicht voll der Tragweite einer solchen Definition bewußt zu sein, da er im Anschluß daran eine Interpretation Freuds anführt, wonach die Grundlage, auf der die menschliche Gesellschaft ruhe, letztlich ökonomischer Natur sei, denn, „weil sie nicht genügend Unterhaltungsmittel hat, die ihren Mitgliedern ein Leben ohne Arbeit erlauben könnten, ist die Gesellschaft gezwungen, die Zahl ihrer Mitglieder zu begrenzen und ihre Energie von der sexuellen Tätigkeit auf die Arbeit umzuleiten". (200) Diese Vorstellung Freuds ist mit der Deutung der *différance* durch Goux unvereinbar, da bei einer ökonomischen Begründung der Trennung von Arbeit und Sexualität die Entfremdung des Menschen durch einen gesellschaftlichen Wandel aufgehoben werden könnte. Die *différance* verewigt hingegen diese Trennung und macht jeden Versuch einer Aufhebung unmöglich.

Die Schlußfolgerungen, welche Goux aus seinen Analysen zieht, werden durch die obige Unklarheit jedoch nicht verändert: „Die Verdrängung des ‚Körpers', ‚der geschriebenen Spur', ist die Verschleierung der konkreten

Arbeit." (204) In dieser Perspektive erscheint das *signifié* als der Mehrwert des *signifiant*, da die *écriture* zur Herstellung von Sinn ausgebeutet werden kann. Finanzielle und philosophische Spekulation haben für Goux die gleiche Grundlage: losgelöst von der Arbeit, produzieren sie nicht, und die Zirkulation zwischen Geld und Geld sowie zwischen Sinn und Sinn diene nur einem wucherischen Gewinn. (207) Im Gegensatz dazu sieht Goux die „produktiven Formalismen" von Mathematik, Logik und Dichtung, wo der Gebrauchswert der Zeichen erhalten bleibe, und der Text noch eine Produktivität sein könne. (208/9)[15]

III. Der Text als Produktivität

Wenn Sprache ein Produktionsmittel ist, dann stellt sich die Frage nach der Art und Weise, wie sie produziert. Der Entwurf eines solchen Modells steht seit etwa 1966 im Zentrum der semiologischen Arbeiten von Kristeva, die ebenfalls auf einer marxistischen Methode basieren. Während sich jedoch Marx hauptsächlich auf die Untersuchung des Tauschwertes der Arbeit und somit auf die Aspekte der Verteilung sowie der sozialen Konsumtion und Kommunikation beschränkt, wo die Arbeit ja bereits immer schon einen Wert darstellt, will Kristeva die Arbeit dort untersuchen, wo sie noch keinen Wert oder Sinn hat, wo sie noch eine „stumme Produktion" ist und sich in einem Stadium vor jedem „zirkulären Sagen", vor jeder Kommunikation und jeglichem Tausch befindet, aber bereits „einschneidend und transformierend" wirkt. Es geht um die „Arbeit, welche die Bedeutung schafft, die vor dem hergestellten Sinn und/oder der darstellenden Rede liegt", so wie sie etwa Freud für den Traum herausgestellt hat, jene Arbeit also, die Derrida als *différance* bezeichnet.[16] Weitere methodische Vorbilder sieht Kristeva in der Mathematik, der generativen Grammatik und dem Saussure der *Anagrammes*: Als künstliche Sprache sei die Mathematik nicht dem Zwang einer Logik unterworfen, welche nur vom indoeuropäischen Satzgefüge (Subjekt, Prädikat, Objekt) aus gedacht werden könne; die generative Grammatik (Chomsky, Šaumjan) betrachte die Sprache nur als ein System von Beziehungen; in den *Anagrammes* vertrete Saussure die Auffassung, daß die poetische Sprache dem Original des Wortes einen, „zweiten, künstlichen Charakter" verleihe, zwischen den Elementen eine Korrespondenz bestehe, die binären poetischen Regeln die grammatikalischen Gesetze überschreiten und die Elemente des „Schlüsselwortes" sich über den ganzen Text erstrecken oder aber auf engem Raum konzentrieren könnten.[17] Im Zentrum der sich daraus ergebenden Theorie stehen die Thesen, daß 1. die „poetische Sprache die einzige Unendlichkeit des sprachlichen Kodes" und 2. ein Netz von Verbindungen sei, während 3. der literarische Text eine Doppelung von Schreiben und Lesen darstelle. (54)

ad 1.

Wegen ihrer von der alltäglichen Umgangssprache verschiedenen Logik wurde die poetische Sprache bisher von der Stilistik ständig als eine Abweichung von der Norm betrachtet. Diese Auffassung hält nun Kristeva im Licht einer stochastischen Analyse für unhaltbar und kommt zu dem Ergebnis, daß der sprachliche Kode „konvertibel" sei, d. h., daß es keine Hierarchie verschiedener Kodes gebe, wobei die poetische Sprache ein „Unterkode" des Gesamtkodes wäre. Kristeva schließt sich zwar nicht der Meinung Vosslers an, für den „die Umgangssprache einen Sonderfall des Formalismus der poetischen Sprache darstellt", sieht in letzterer jedoch eine Klasse, welche die Totalität des sprachlichen Kodes ausschöpfen könne. Die anderen Sprachen (Umgangs- und Metasprachen) stellten wegen ihrer geringeren Ausdehnung „Quotienten" von ihr dar (etwa die Konstruktionsregel Subjekt-Prädikat als Grundlage der formalen Logik), verschleierten aber aufgrund ihrer Begrenzung schließlich die totale Ausschöpfungsfähigkeit der poetischen Sprache, welche Kristeva durch die Formel $(x_1 \ldots \ldots x_n)$ versinnbildlicht. (55/56)

Gerade diese Eigenschaft der poetischen Sprache macht für Kristeva die literarische Praxis zu einem Experimentierfeld des in der Sprache Möglichen, „kann den Menschen aus gewissen linguistischen Netzen (psychischer und sozialer Art) befreien" und „bietet dem Linguisten die einzigartige Möglichkeit, das Entstehen der Bedeutung zu verfolgen". (56) Wenn Kristeva von literarischer Praxis redet, dann kommt für sie jedoch nur eine gewisse Praxis in Frage, deren Prototyp Lautréamont ist, also jene Dichtung der *poètes maudits* der Ahnengalerie von Tel Quel. Charakteristisch für diese Texte ist das Außerkraftsetzen der Logik der normalen Umgangssprache und oftmals sogar ein Infragestellen der eigenen sprachlichen Fundamente, während die Umgangssprache und mit ihr ein großer Teil der traditionellen Literatur auf Darstellung ausgerichtet sind. Dieses letztere literarische Modell einer mimetischen Kunst ist von den Analysen Kristevas ausgeschlossen und erfährt innerhalb der Gruppe Tel Quel eine zunehmende ‚inquisitorische' Verdammung.

ad 2.

Ist das Modell der Umgangssprache und mit ihr das der auf Darstellung ausgerichteten Literatur durch eine lineare Logik sowie eine Endlichkeit der Kombinationsmöglichkeiten gekennzeichnet, dann läßt sich der Funktionsmechanismus der dichterischen Sprache im Modell Kristevas durch eine nichtlineare Logik und eine potentielle Unendlichkeit der Kombinationsmöglichkeiten definieren. Diese Kombinationsmöglichkeiten können im Rahmen eines „paragrammatischen" oder „anagrammatischen" Netzes oder der vielfältigen Verbindungen eines „tabulatorischen Modells" verwirklicht werden. Vorbilder dazu liefern etwa Mengenlehre und moderne Logik sowie das chinesische *Yi-King*, das Buch der Mutationen, oder die Permutations-

lehren der Kabbala. Alle diese Modelle zeichnen sich dadurch aus, daß sie
eine Formalisierung der Kombinationsmöglichkeiten erlauben und so der
poetischen Sprache ähneln, da die Wörter nicht „sind", sondern „werden".
(68-73) In der französischen Literatur ist das berühmteste Beispiel einer
solchen Formalisierung der sprachlichen Kombinationen das Projekt des
Livre von Mallarmé. In der literarischen Praxis von Tel Quel wurde das chinesische Vorbild bereits vor der Theorie Kristevas in *Drame* (1965) von
Sollers verwirklicht, das gemäß den 64 Hexagrammen des *Yi-King* in 64 Abschnitte eingeteilt ist, wobei der Roman durch einen regelmäßigen Wechsel
der Personalpronomenebenen von *il* und *je* generiert wird.[18] Der Roman
ist Beispiel eines *génotexte* – das Volumen der sich immer neu entfaltenden
Bedeutung –,[19] in welchem es nicht einmal mehr stabile, unveränderliche
und in einer funktionalen Beziehung stehende Elemente gibt, sondern nur
noch „Spuren" innerhalb sich ständig bewegender Verweisketten, bei deren
Überschneidung sich der vieldeutige Sinn des Buchs konstituiert:

[. . .] un livre dont chaque élément (mots, phrases, pages) serait animé d'une rotation
voilée, de telle façon qu'on croirait assister à la révolution d'une sphère multiple –
mais, contrairement à ce qui est dit, dont la circonférence serait partout et le centre
nulle part [. . .][20]

[. . .] ein Buch dessen einzelne Elemente (Worte, Sätze, Seiten) von einer verschleierten Drehung in Bewegung versetzt würden, solcherart, daß man glaubte, der Drehung
einer vielfältigen Sphäre beizuwohnen, – deren Peripherie, im Gegensatz zu dem Gesagten, jedoch überall und deren Zentrum nirgendwo wäre [. . .]

Bei der nachfolgenden Besprechung der Romane wird sich herausstellen,
daß diese alle nach den Prinzipien einer formalisierten Permutation aufgebaut sind, die dabei nicht nur auf die Ebenen von Satz und Seite beschränkt
ist *(Drame, Personnes, Nombres, La „Création", Compact)*, sondern auch
auf der Wortebene Anwendung findet *(Lois, Circus, H)*. Die Vorbilder für
den letzteren Fall reichen dabei von Rabelais über die Concettokunst und
die *Anagrammes* von Saussure bis hin zu Joyce. Wesentlich bei diesen Permutationen ist die Tatsache, daß es sich nicht um eine Art der surrealistischen *écriture automatique* handelt, sondern um eine auf ‚logischen' Grund-
sätzen aufgebaute Generierung. Auch hier zeigt sich die Nähe zu den russischen Formalisten, die immer wieder das „Verfahren" als bewußten Vorgang und technischen Eingriff definiert haben.[21] In den Augen von Tel Quel
ist die surrealistische *écriture automatique* noch „einer orakelhaften Versumpfung" sowie einem psychologisierenden Humanismus verhaftet, die
nun durch die „formalen Organismen" einer „rhythmischen, desakralisierten
Kombinatorik" ersetzt werden sollen, um so zu einem „Funktionieren der
Tiefenstruktur und der Permutationen der Sprache" zu gelangen.[22]
    Durch diese neue Textpraxis fällt der Literatur eine wichtige Aufgabe
bei der Erweiterung der Bewußtseinsbildung des Lesers zu, ja, das Litera-
turmodell von Tel Quel scheint geeignet, auch einen Ausweg aus der von
Lacan und Foucault proklamierten Unfreiheit des Menschen zu bieten, in-

dem es nämlich die den Menschen determinierende Sprache in der Totalität
ihrer Möglichkeiten verwirklichen und so von linguistischen und ideologischen Zwängen befreien könnte.

*IV. Intertextualität oder die Aufhebung der Unvereinbarkeit von Diachronie
und Synchronie*

Bisher wurden erst zwei Punkte der von Kristeva vorgeschlagenen Definition
der poetischen Sprache behandelt, nämlich die These des poetischen Kodes
als einer Unendlichkeit sowie das tabulatorische Modell, durch welches die
Permutationen realisiert werden sollen. Bedeutet der so entstehende *géno-
texte* bereits ein Abrücken von einem statischen Strukturalismus, dann bewirkt die dritte These Kristevas, wonach die poetische Sprache eine Doppelung von Schreiben und Lesen ist, die Aufhebung des Gegensatzes zwischen
Dia- und Synchronie.

Gemäß dieser Vorstellung entwickelt sich der literarische Text nicht in
einem Vakuum, sondern vielmehr in der Umgebung von anderen Texten,
die bereits schon zur Vergangenheit oder noch zur Gegenwart gehören. Die
poetische Sprache ist somit ein Dialog zwischen den vom Autor gelesenen
und als Reaktion darauf geschriebenen Texten. „Schreiben wird zu einem
Lesen", wobei Kristeva ausdrücklich die Komponente von „zusammen- und
auflesen" als einer „agressiven Beteiligung" und einer „aktiven Aneignung"
des anderen Textes betont.[23] Kristeva selbst hat dieses Prinzip der Intertextualität am Beispiel des Romans *Jehan de Saintre* von Antoine de La
Sale illustriert und zeigt die verschiedenen Straten geistiger (Scholastik, No-
minalismus, Symbolismus), sozialer (höfisches Dichtermilieu) und topolo-
gischer (die Stadt, der Jahrmarkt) Beeinflussungen auf.[24]

Diese in der Literaturwissenschaft nicht gerade revolutionäre Vorstellung
gewinnt ihre richtige Relevanz erst im Hinblick auf das strukturalistische
Geschichtsmodell und auf die literarische Praxis. So wird die Vorstellung
einer linearen Geschichte durch eine Philosophie der Diskontinuität, der
Brüche und Verschiebungen ersetzt. Aus der linearen Geschichte soll eine
„monumentale Geschichte"[25] werden, die den eigentlichen Hintergrund
der ersteren bildet. *Les mots et les choses* von Foucault gilt mit seiner
„Archäologie" als Prototyp eines solchen Unternehmens im Sinne eines
Aufzeigens „der Typologie der signifikanten Praktiken, gemäß den besonderen Modellen der Produktion des Sinnes"[26]. In der literarischen Praxis
hat die Intertextualität geradezu eine Revolution des Schreibens hervorgerufen. Die Romane nehmen den Charakter einer oftmals polyglotten Collage an. Die Zitate erfüllen jedoch nicht die Rolle einer Stützung des Gesagten
durch eine Autorität, sondern verschmelzen vielmehr in einem „physika-
lisch — chemisch — biologischen Milieu" zu einem einzigen Element, das
als „historische Doppelung" des Textes gedacht ist.[27] Der so entstandene

Text hat keinen Ursprung. Sollers spricht von einem *double fond*, einem doppelten Ursprung, wonach ein Text sich ständig auf einen anderen bezieht, ohne daß es dabei Anfang und Ende gäbe.[28] Die Sprache wird in einem solchen Text nicht mehr von einer Person getragen und soll außerhalb einer auf Expressivität ausgerichteten Metaphysik stehen. Sie wird vielmehr zu einer „aktiven Szenerie" und führt zu einer Zerstörung des Sinns. Baudry spricht von einer Auflösung des dreidimensionalen Raumes, denn wenn alles Text ist, dann verschwindet die Tiefe, und alles wird Oberfläche, wobei diese Oberfläche selbst wiederum aus der unendlichen Folge von Lesen und Schreiben hervorgeht. Diese Vorstellungswelt läßt keinen Platz mehr für ein „theologisches Denken", welches vor den Dingen „eine undurchsichtige Oberfläche" annimmt, die den wahren Sinn, der sich in der Tiefe befindet, verbirgt.[29] Was bleibt, ist eine unendliche Oberfläche, wo jedes Wort und jeder Text nur aus den Beziehungen verstanden werden können, die sie mit anderen Wörtern und Texten unterhalten. Das *signifié* wird so vollständig durch die Kette der *signifiants*, die sich gegenseitig erzeugen, um sich sofort wieder zu zerstören, bestimmt. Zurück bleibt nicht die „Struktur" eines Textes, sondern seine „Strukturation" als aktiver und dynamischer Vorgang der Entstehung von Bedeutung.

Diese „Strukturation" eines Textes ohne Anfang und Ende bestimmt alle hier besprochenen Romane und wird neben ständig eingeflochtenen Zitaten zumeist auf der Grundlage von Formeln Lacans wie „Die Rede ist eine zwischenmenschliche Kommunikation, wo der Sender vom Empfänger seine eigene Botschaft in umgekehrter Form zurückerhält" oder „Das Unbewußte ist die Rede des anderen, wo das Subjekt in umgekehrter Form, die dem Wunsch entspricht, seine eigene vergessene Botschaft zurückerhält", realisiert. So wird *Personnes* von Baudry durch die Interaktion von verschiedenen Personalpronomenebenen generiert, wobei, was den Teufelskreis vollständig macht, sich die Ebenen gegenseitig bedingen:

[elle] me lit autant que je pense à elle (57);

[sie] liest mich in dem Maße, wie ich an sie denke

oder

[. . .] c'est donc moi toujours que tu entends, c'est par cette personne qui te nomme que tu deviens celui qui me parlera. (102)

[. . .] du hörst also immer mich, durch jene Person, die dich nennt, wirst du derjenige werden, der mich sprechen wird.

Die *écriture* als Produktivität steht in einem ganz spezifischen Verhältnis zur Sexualität. Wie es Goux in dem bereits besprochenen Aufsatz herausstellt, sind beide, zusammen mit der produktiven Arbeit, immer wieder Objekte einer Unterdrückung und Verdrängung gewesen. Setzt nun die Praxis der *écriture* die ‚Arbeit' und Produktivität der Sprache frei, dann befreit sie durch die Intertextualität auch die Sphäre der Sexualität. Das generierende Prinzip der Arbeit des Körpers, die sich in der Sphäre des Geschlechtlichen

zeigt, ist der Trieb, der Wunsch, dessen auf den Körper eingravierte „Letter"
entziffert werden muß: „[. . .] den Körper wörtlich nehmen [. . .] heißt
das Buchstabieren der Orthographie des Namens erlernen, der aus den ero-
genen Zonen zusammengesetzt ist, die ihn [i. e.: den Körper] konstituieren."[30]

Da nun aber die „sexuelle Verdrängung zuerst einmal eine Verdrängung
der Sprache ist", jene Sprache aber wiederum auf den abendländischen
Prinzipien des Logozentrismus aufgebaut ist, würde eine Zerstörung dieser
Sprache durch die *écriture* eine Befreiung der Sexualität aus der „allgemeinen Neurose" bedeuten und könnte darüber hinaus auf eine Zerstörung der
auf dieser Neurose aufbauenden Gesellschaft zielen.[31] Das große Vorbild
der Gruppe Tel Quel ist in dieser Hinsicht das Werk von Sade, das Sollers
folgendermaßen charakterisiert:

Schreiben mit dem einzigen Ziel, unablässig die Regeln und den Glauben, der die
Schrift des Wunsches verdeckt, zu zerstören, schreiben, nicht um etwas auszudrücken
oder darzustellen (denn ansonsten ist es die Kette des Aberglaubens, der Gründe, die
Literatur im neurotischen Sinne, d. h.: die immer vorgibt, sich auf eine wirkliche oder
imaginäre Welt, die außerhalb von ihr liegt, zu beziehen, auf eine Wahrheit, die sie
doppeln würde, auf einen Sinn, der vor ihr existieren würde), sondern um zugleich
Tugend und Laster sowie ihre Komplizität durch ein Verbrechen zu zerstören, das bis
zu einem solchen Grad Grund und Wirkung von sich selbst ist, daß es nicht mehr charakterisiert werden kann; schreiben ist somit ein Verbrechen sowohl für die Tugend
als auch für das Verbrechen.[32]

In Phase 2 der Entwicklung von Tel Quel sind die sexuellen Aspekte der
Intertextualität immer noch auf die Möglichkeit des Erkennens und geistigen Erfassens der „Schrift" des Wunsches ausgerichtet, auf jene Sprache
des Unbewußten, die den Menschen mit ihrem Text programmiert. Die
Problemstellung ist also letztlich immer noch eine phänomenologische, die
Antwort aber eine negative, da dem Menschen jegliche Erkenntnisfähigkeit
abgesprochen wird. Dabei bleibt der Angriff von Tel Quel nicht nur auf die
geistigen Grundlagen des bisherigen Menschenbildes beschränkt, sondern
geht weiter bis hin zu einer bewußten „Zerstückelung" des Körpers, um so
die idealistische Auffassung des Körpers als Bild, Wort, Identität und Besitz zu zerstören. In den Romanen verschwinden daher Namen und Personen der Handlung, während einzig der Körper zum „materialistischen Ankerpunkt" des Textes wird.[33]

In der dritten Phase der Entwicklung führt diese Haltung eines extremen
Antihumanismus zum Ausschluß des Menschen als einem erkennenden Subjekt aus der Romanwelt. Aus dieser Epoche stammen die Romane *Lois* von
Sollers und *Eden, Eden, Eden*[34] von Guyotat, der erst zu dieser Zeit zur
Gruppe Tel Quel gestoßen ist. Diese beiden Werke zeichnen sich durch eine
vom menschlichen Erleben getrennte Sexualität aus, die als bewußter Gegensatz zur „Erotik" gesehen wird. In einem Interview definiert Guyotat die
Erotik als eine „Verirrung des sexuellen Aktes, die von der oberen Bourgeoi-
sie praktiziert und von den Kleinbürgern nachgeäfft wird". Für ihn gibt es

keine „Liebe" mehr, sondern nur noch ein *scripto-séminalo-gramme*, so wie man von einem Elektrokardiogramm redet. Diese „materialistische" Auffassung der Sexualität soll bewußt die „körperliche Szenerie des Idealismus" zerstören. Der Körper als abgegrenzte Entität verschwindet „unter der Masse der Prozesse, die einzig durch die Anwesenheit der Organe hervorgebracht wird"[35]. Gegen die psychologische Person wird so die Auffassung einer *bête humaine* als Ausdruck einer materialistischen Anthropologie ins Feld geführt.

Auf der Ebene des Textes soll das Ziel einer generellen Infragestellung idealistischen Denkens durch eine Verfremdung des Lesers erreicht werden. So sei der traditionelle Leser durch die Gewohnheit einer „monologischen" Lektüre geformt, und, anstatt der „Produktion" seiner eigenen Lektüre beizuwohnen, versuche er, unabhängig von der sie erzeugenden Lektüre, eine Bedeutung an sich, einen festen und unabänderlichen Sinn zu finden. Baudry, der diesbezüglich stellvertretend für Tel Quel stehen kann, stellt diesem „Wissen" die *écriture* als ein „Nicht-Wissen", als „das Auslöschen des Wissens in der Beschleunigung des *signifiant*" gegenüber. Die *écriture* soll „unlerserlich" (*illisible*), jedoch keineswegs „nicht-leserlich" (*nonlisible*) sein, denn das „Nicht-Leserliche" gehöre mit seiner Plattheit zu der gängigen Leserlichkeit, während die Unleserlichkeit nicht in einem Diskurs aufscheinen könne, „welcher notwendigerweise einen verständlichen, allgemein zugänglichen Kode impliziert". Vielmehr stütze sie sich auf eine *écriture*, deren „Abweichungen von Freud als ein Effekt des Unbewußten herausgestellt worden sind". Die ideologiekritische Wirkung des so entstehenden Textes liegt nun nach Baudry darin, daß er „Verbote und Grenzen aufzeigt", welche im sprachlichen Kode „die ideologische Herrschaft einer Klasse sichern"[36]. Im Gegensatz zu den politischen und ideologischen Sprachen umfasse die poetische Sprache die Skala aller Möglichkeiten und könne somit durch ihre Praxis als Nutzung und Entdeckung der Sprache sowie als Aktivität, die den Menschen aus gewissen linguistischen Zwängen befreie, angesehen werden. Die literarische Sprache richte sich radikal gegen die herrschenden Gesetze, indem sie vorrangig immer wieder die Idee eines festen Sinnes des Textes in Frage stelle. Dem Leser soll bei der Deutung des literarischen Werkes, dessen vieldeutiger Sinn vor allem durch die Intertextualität erreicht wird, jede Sicherheit genommen werden. In der zweiten Phase von Tel Quel hat die Intertextualität die Auflösung des traditionellen Menschenbildes (Intertextualität als Illustration psychoanalytischer Mechanismen) zum Thema und klammert seit *Nombres* (1968) den Menschen aus, um nur noch sich selbst darzustellen (Intertextualität als Dekonstruktion vorgegebener Texte).

Bis Ende 1967 bezieht die Gruppe dabei keinerlei explizite politische Position.[37] Obwohl sich Anfang 1968 in den Texten von Goux, Kristeva und Sollers eine immer deutlichere Tendenz zum Marxismus-Leninismus abzeichnet, liegt in dieser Zeit das Schwergewicht noch ausdrücklich auf dem methodologischen und nicht auf dem parteipolitischen Aspekt. Die Konsequenzen, die Tel Quel aus dieser wissenschaftstheoretischen Haltung zieht, erhalten erst nach den Ereignissen des Mai 1968 eine zunehmend parteipolitische Färbung.

V. Antihumanismus und Mai 1968

Auf den ersten Blick könnte man in den anarchistischen Unruhen vom Mai 1968 und besonders in dem Slogan der *contestation permanente*, der ständigen Infragestellung, einen direkten Ausdruck der Ideen eines Derrida und der Gruppe Tel Quel sehen.[38] Aber im Namen des von der Gruppe proklamierten Antihumanismus und einer marxistisch-leninistischen Klassenkampftheorie distanziert sich Tel Quel in schärfster Form von den Unruhen. Eingerahmt von Leninzitaten, die auf die Notwendigkeit der Parteidisziplin hinweisen, wendet sich Tel Quel in einer kurzen, aber präzisen Deklaration gegen die *contestation* als einem „subjektiven, idealistischen Modell", das vor allem in der Anarchie sowie im Aufruf an die „kreative Vorstellungskraft" der Massen seinen Ausdruck finde.[39] Tel Quel sieht jedoch in diesen Begriffen ein Überleben des traditionellen Humanismus. Daher stellt die Gruppe der *contestation* die Vorstellung eines auf der „marxistischen Wissenschaft" gründenden Klassenkampfes entgegen, wobei aber auch ein *engagement* im traditionellen Sinne abgelehnt wird, denn darin sieht Tel Quel das Modell einer „theologisch-transzendentalen, humanistischen und psychologistischen Mystifikation", das „auf Gefühl, Moral und Unwissenschaftlichkeit" beruht.[40] Von diesem Standpunkt aus sind „konservativ" und „anarchistisch" zwei Begriffe, die auf einen gemeinsamen humanistischen Hintergrund verweisen, der aber gerade durch die *écriture* zerstört werden soll. Als Endziel will Tel Quel mit Hilfe des Materialismus, der als „Philosophie des Proletariats" definiert wird, die Weltrevolution erreichen.

Diese extreme antihumanistische Position macht die Ideen von Tel Quel für den Vorwurf, eine Ideologie der Technokratie und funktionalen Eingliederung des Menschen in den doktrinären Parteiapparat zu sein, sehr verletzlich. Gleichzeitig gerät die Gruppe, wie einst die Surrealisten, zusehends in den Sog der Fehde innerhalb der französischen Linken und wird zum Schauplatz interner Auseinandersetzungen zwischen ,gemäßigten' Marxisten-Leninisten und Maoisten (Bewegung des Juni 71). Die Zeitschrift wird so mehr und mehr zu einem Forum parteipolitischer Diskussionen, wobei die eigene Position durch wissenschaftstheoretische Beiträge zum historischen und dialektischen Materialismus philosophisch gefestigt werden soll.[41]

Die Ende 1967 erarbeitete Literaturtheorie bleibt unverändert, einzig die Schlußfolgerungen werden ausgetauscht: Die Nietzschezitate vom „Spiel der Welt" und der „fröhlichen Wissenschaft" werden durch Leninzitate, die die Weltrevolution in Aussicht stellen, ersetzt. Thematisch werden die

Romane konsequent im Sinne des Antihumanismus weitergeführt. Stand bis etwa 1968 immer noch das Problem der Unmöglichkeit einer Bewußtwerdung im Vordergrund der Romane, dann tritt an seine Stelle die reine, von irgendeinem perzipierenden Bewußtsein unabhängige Produktion von Texten, die als reines Permutationsspiel einer materialistisch aufgefaßten Sprache gedacht sind.

Dieser nahtlose Übergang von Phase 2 zu Phase 3 überrascht nur bei oberflächlicher Betrachtung, scheint er doch in Wirklichkeit eine fast zwingende Folge der theoretischen Position von Tel Quel um 1967/68. In dieser Perspektive kann man sowohl in philosophischer, formaler als auch in ideologischer Hinsicht von einer ‚Kontinuität' der Entwicklung sprechen, die zu einem konsequenten Maoismus führt. Im Rahmen dieser Entwicklung waren die Ereignisse des Mai 68 nur ein auslösendes Moment, während die maoistischen Tendenzen bereits in *Nombres*, der in der Zeit vor Mai 68 verfaßt worden sein muß, da er bereits im 2. Trimester 1968 gedruckt wurde, vollständig ausgeprägt sind.

In philosophischer Hinsicht mündet dabei der von Tel Quel proklamierte dialektische Materialismus, der, gestützt auf der strukturalistischen Interpretation Freuds und der *différance* Derridas, seine deutlichste Ausformung in der Theorie der Wiederholung und des *double fond* fand, in die von Mao entwickelte Philosophie des Widerspruchs, die das in allen Dingen innewohnende Gesetz des Widerspruchs als fundamentalen Grundsatz einer materialistischen Dialektik betrachtet.[42]

Es mag auf den ersten Blick befremden, diese philosophische Problematik mit formalen Aspekten der Literaturtheorie von Tel Quel in Verbindung zu setzen. Eine nähere Untersuchung der Analysen, die Kristeva am Beispiel der Dichtung Lautréamonts durchgeführt hat, wird jedoch zeigen, daß sie als oberstes Grundgesetz der poetischen Sprache deren Widersprüchlichkeit herausstellt. Demnach bestehen die Elemente der poetischen Sprache aus unvereinbaren Gegensatzpaaren und sind syntaktisch nach dem Gesetz der leeren Mengen miteinander verbunden. Es ist also gerade das Gesetz des Widerspruchs, in dem die Produktivität der dichterischen Sprache gründet. Das vor 1968 konzipierte materialistische Sprachmodell Kristevas kann so zur offiziellen Poetik nach Mai 68 werden und erlebt seine erste praktische Verwirklichung 1972 in *Lois* von Sollers.

Ideologisch gesehen mußte Tel Quel nicht nur aufgrund seines extremen Antihumanismus an der Verneinung der Persönlichkeit und deren Aufsaugung durch die Masse in der chinesischen Kulturrevolution, sondern auch aufgrund seines Gesellschaftsmodells an der moaistischen Theorie von Basis und Überbau Gefallen finden. Demnach liegt der Ausgangspunkt für gesellschaftliche Änderungen durchaus auch auf der Ebene des Bewußtseins und nicht unbedingt auf derjenigen der sozialen Gegebenheiten. Der Suprastruktur wird somit ein wesentlicher Einfluß auf die Veränderung des Unterbaus zugestanden. Genau aus der gleichen Überlegung heraus kann Tel Quel mit seiner „revolutionären Praxis" bei der Literatur ansetzen, die im Sinne der maoistischen Dialektik in einer ständigen Wechselbeziehung zu der normalen Sprache steht und diese desartikuliert (=Arbeit des Textes). Zur Erhärtung dieser These wird immer wieder Kristeva zitiert, wonach der „Begriff einer signifikanten Praxis" die Tatsache erhellt, „daß jede soziale Praxis mitsamt ihrer ideologischen Funktion signifikant ist, daß die Bedingungen der Bedeutungswerdung soziale sind und umgekehrt, daß die sozialen (ideologischen) Funktionen als ,andere' Szene die Produktion der Möglichkeit einer Bedeutung haben." Sprache ist demnach nicht einfach ein Abklatsch der Ideologien, sondern in der Lage, diese kritisch zu hinterfragen: „Der Text reagiert – was, wie man weiß, unter gewissen Bedingungen revolutionär werden konnte – kritisch auf die ideologische Instanz, die wiederum mit der politischen und ökonomischen die Produktionsweise determiniert. Er [i.e.: der Text] ist ein spezifisches signifikantes System, das sich aktiv in den Prozeß der Umbildung der Ideologie und von da aus indirekt in die Produktionsweise einschaltet"[43]. Die Wirkung der Literatur zielt dabei auf ein bürgerliches Publikum ab. Ihre Aufgabe soll nun aber nicht in einer rückhaltlosen Ideologiekritik bestehen, sondern darin, maoistisches Gedankengut zu illustrieren und an die Stelle der alten Ideologien zu setzen. Die Literatur soll demzufolge auf der Ebene der Sprache das gleiche wie der Klassenkampf auf historischer Ebene bewirken: sie dienen beide „als Verbindung zwischen dem Subjekt und der Geschichte". Zur Erreichung dieses Ziels sollen die formalen Neuerungen der Avantgarde mit einem *signifié révolutionnaire* verbunden werden: „Kritik der kapitalistischen Gesellschaft und des Revisionismus, Verdeutlichung des größten politischen Ereignisses unserer Zeit, der chinesischen Kulturrevolution"[44].

So entpuppt sich das, was als Ideologiekritik begann, doch wieder nur als doktrinäre Ideologie, denn an das System des dialektischen Materialismus maoistischer Prägung darf das Prinzip des Widerspruchs nicht rühren!

Anmerkungen

1 Eine exemplarische Auswahl der wichtigsten theoretischen Texte findet sich in *Théorie d'ensemble*. Deutsch: *Tel Quel – Die Demaskierung der bürgerlichen Kulturideologie*, München [1971].
Die unter dem Titel *Revolutionäre Texttheorie. Die Gruppe Tel Quel – ein Versuch*, in: *alternative* 66 (1969) zusammengestellten Texte beziehen sich einzig auf die letzte, im Schatten der Ereignisse des Mai 1968 stehende Phase der Gruppe.
Rein polemisch und ohne informativen Wert ist die Arbeit von Meschonnic.
2 Baudry, *Les images*, 1963. Ricardou, *L'observatoire de Cannes*, 1961; Sollers, *Le parc*, 1961 und die Novellensammlung *L'intermédiaire*, 1963. Thibaudeau, *Une cérémonie royale*, 1960.
3 Foucault, „Distance, aspect, origine".
4 Sollers, „Logique de la fiction", 20.

5 Vgl. dazu unsere Interpretation von Sollers *L'intermédiaire*, (1962), in: Krömer (Hg), *Musterinterpretationen zur französischen Novelle*, Düsseldorf 1975.
6 Vgl. die Abschnitte III, IV dieses Kapitels.
7 „Le roman et l'expérience des limites". Der erste Teil der Grammatologie Derridas erschien in *Critique* 223/4 (décembre 1965 – janvier 1966) weiterhin hat Derrida im Winter 1965 in *Tel Quel* 20 „La parole soufflée" und in *Tel Quel* (1966) „Freud et la scène de l'écriture" publiziert.
8 Sollers, „Le réflexe de réduction", 392. Vgl. dazu das Ergebnis einer Untersuchung Pollmanns, wonach die Entwicklung innerhalb der theoretischen Fundierung Robbe-Grillets als „stetige Verschiebung zugunsten des menschlichen Blicks und der imaginativen Subjektivität" gedeutet werden kann („Roman und Perzeption", 316).
9 Sollers, „Le réflexe de réduction", 392.
10 Hier die Romane, die direkt von Mitgliedern der Gruppe Tel Quel verfaßt worden sind: Baudry, *Personnes*, 1967; Rottenberg, *Le livre partagé*, 1967; Sollers, *Drame*, 1965, und *Nombres*, 1968.
Hinzu kommen Autoren, die nicht direkt zur Gruppe Tel Quel gehören, später jedoch in der Gruppe Change ein Programm entwarfen, das bis etwa N⁰ 5 von *Change* eine exakte Weiterführung der Ideen von Tel Quel darstellte. Zu diesen Autoren zählen Roche, *Compact*, 1965; Montel, *Les plages*, 1968 und *Le carnaval*, 1969. Zu Change und Montel vgl. Kapitel 4, II.
Daneben müssen noch andere Autoren aus den beiden Gruppen erwähnt werden, die allerdings eine mehr ‚traditionelle', dem Nouveau Roman verpflichtete Schreibweise aufzeigen. Von der Gruppe Tel Quel sind es Ricardou, *La prise de Constantinople*, 1965; und *Les lieux-dits*, 1969; Thibaudeau, *Ouverture 1*, 1966 und *Imaginez la nuit* (=*Ouverture* 2), 1968; Faye, der 1968 von Tel Quel zu Change übergewechselt ist, mit seinem Hexagramm:

Entre les rues (1958)
Battement (1962)   *La Cassure* (1961)
L'écluse (1964)   *Analogues* (1964)
Les Troyens (1970)

Von der Gruppe Change: Boyer, *Mots d'ordre*, 1969.
11 Vgl. den Wahlaufruf von Sanguinetti zugunsten der kommunistischen Partei Italiens in *Tel Quel* 33 (1968).
12 Baudry, *La „Création"*, 1971. Dieser Roman gehört mit seiner Problemstellung aber noch zu Phase 2. Sollers, *Lois*, 1972. Der dem Entwicklungsstand der Phase 3 von Tel Quel entsprechende Roman Roches ist *Circus*, 1972. Zu diesem Zeitpunkt war Roche, unter Betonung seiner freundschaftlichen Beziehungen zu Tel Quel, wieder aus der Gruppe Change ausgetreten. Der jüngste Roman Roches ist *CodeX*, 1974.
13 Stalin, „Marxismus und Fragen der Sprachwissenschaft". Trotzdem herrscht gerade in der offiziellen Literaturtheorie des etablierten Marxismus die gegenteilige Meinung. Vgl. dazu Vormweg, „Eine andere Lesart. Neue Literatur und Gesellschaft", 1052.
14 „Marx et l'inscription du travail".
15 Die bisher dargelegten Gedanken führt Goux in einem Aufsatz weiter, der unter dem Titel „Numismatiques" eine Verbindung zwischen den Systemen der Psychoanalyse, der sozialen Verhältnisse und der Metaphysik mit den „vier Etappen der Genese der Form des Geldes", wie sie Marx darlegt, herstellt.
16 Kristeva, „La sémiologie: science critique et/ou critique de la science", 89.

Anmerkungen 35

17 Vgl. Kristeva, „Pour une sémiologie des paragrammes". Die Anagrammstudien
   Saussures sind teilweise von Starobinski veröffentlicht worden. Vgl. unsere Ausführung in Kap. 3, II, 1.
18 Unabhängig von den Theorien der Gruppe Tel Quel wurde in der gleichen Zeit wie
   Drame ein ebenfalls nach den Gesetzmäßigkeiten des *Yi-King* aufgebauter Roman
   geschrieben: Elizondo, *Farabeuf o la crónica de un instante*, 1965.
19 Kristeva, *Le texte du roman*, 72. Der Gegensatz zu *génotexte* ist der *phénotexte*,
   die einfache Mitteilung.
20 *Drame*, 148.
21 Vgl. Broekman, 50-52.
22 Sollers, „Le réflexe de réduction", 392/93.
23 Kristeva, „Pour une sémiologie des paragrammes", 58.
24 Diess., *Le texte du roman*, 139-169.
25 Sollers, „Programme", in: *Logiques*, 11.
26 Kristeva, „La sémiologie: science critique [. . .]", 91.
27 Sollers, „Ecriture et révolution", 76.
28 Sollers, „La grande méthode", 23/4.
29 Baudry, „Ecriture, fiction, idéologie", 133-136.
30 Boyer, „Le désir à la lettre", 148.
31 Vgl. Baudry, „Freud et la création littéraire", 173/4.
32 Sollers, , Sade dans le texte", 96.
33 Sollers, „Ecriture et révolution", 75.
34 Guyotat, *Tombeau pour cinq cent mille soldats*, 1967; *Eden, Eden, Eden*, 1970.
35 Guyotat, „Réponses", 30/31.
36 Baudry, „Ecriture, fiction, idéologie", 140/1.
37 Sollers betont zwar, daß sich die Theorie auf „der Seite der aktuellen revolutionären Aktion" befinde, erläutert diesen Standpunkt jedoch nicht näher. Vgl. „Programme", in: *Logiques,* 14.
38 Einen anschaulichen Überblick über das Verhältnis zwischen den Unruhen des
   Mai 68 und dem Strukturalismus vermittelt Schiwy, *Neue Aspekte*, 62-70.
39 „Mai 1968", in: *Tel Quel* 34 (1968), 94/95.
40 „Réponses à la Nouvelle Critique", in: *Théorie d'ensemble*, 386.
41 Vgl. Sollers, „Lénine et le matérialisme philosophique", in: *Tel Quel* 43 (1971).
   Baudry, ..Pour une matériologie", in: *Tel Quel* 44 (1971) und *Tel Quel* 45 (1972).
   Die Hefte 48/49 (1972) und 50 (1972) sind ausschließlich China gewidmet.
42 Vgl. dazu die Darstellung der philosophischen Auseinandersetzung zwischen Mao
   und Yang bei Blumer, 389-399.
43 Kollektivtext der Gruppe des Juni 71, „Le dogmatisme à la rescousse du révisionis-
   me", in: *Tel Quel* 48/49 (1972), 183.
44 ebd. 188.

3. Kapitel

Von der Zerstörung der Person zum reinen Text: Analysen der Romanpraxis

1. Personalpronomen und ,Ars combinatoria'

1. Philippe Sollers: Drame (1965)

Nachdem in *La Modification* das Bewußtsein der Protagonisten endlich auf dem Punkt einer möglichen Verbalisierung angelangt ist und die Geschichte niedergeschrieben werden könnte, hört der Roman auf. *La Modification* ist somit die ,Vorgeschichte' eines Romans. Auch *Drame* von Sollers ist eine solche Vorgeschichte eines Romans, allerdings hat sich die Problematik vollkommen von der Beschreibung eines Bewußtwerdungsprozesses auf die generelle Schwierigkeit einer Bewußtwerdung und der damit verbundenen Verbalisierung verschoben.

Der Roman beginnt mit der Beschreibung der Situation eines aus mineralischen Urzuständen erwachenden *il*:

D'abord (premier état, lignes, gravure – le jeu commence), c'est peut-être l'élément le plus stable qui se concentre derrière les yeux et le front. Rapidement, il mène l'enquête. Une chaîne de souvenirs maritimes passe dans son bras droit: il la surprend dans son demi-sommeil, écume soulevée de vent. La jambe gauche, au contraire, semble travaillée par des groupements minéraux. Une grande partie du dos garde, superposées, les images de pièces au crepuscule. (11)

Zuerst (erster Zustand, Linien, Gravur – das Spiel beginnt), es ist vielleicht das beständigste Element, das sich hinter Augen und Stirn konzentriert. Schnell forscht er nach. Eine Kette maritimer Erinnerungen gleitet in seinen rechten Arm: er überrascht sie in seinem Halbschlaf, vom Wind hochgewehter Schaum. Das linke Bein scheint hingegen von mineralischen Gruppierungen bearbeitet. Ein großer Teil des Rückens bewahrt die übereinandergelagerten Bilder von Räumen in der Dämmerung.

Diese ersten Sätze kündigen bereits die zentrale Problematik des Romans an, nämlich den Versuch des *il*, die Erinnerungen und Eindrücke zu formulieren, um sie dann niederzuschreiben. Aber gerade hier ergeben sich größte Schwierigkeiten, da ,,kein einziger Anfang die notwendige Gewähr für Neutralität bietet" und das *il* bald den Eindruck haben wird, ,,sich aus Versehen in einem beseelten Museum verirrt zu haben, wo es gleichzeitig eine beiläufige und zentrale Figur aller Gemälde wäre." (11-12) Er wird seine Geschichte nie niederschreiben können, weil eine Verbalisierung als unmöglich vorausgesagt wird. Ob im wachen Zustand, im Halbschlaf oder im Traum, sein Leben wird wie von höheren Mächten beherrscht sein:

C'est ainsi qu'il est convoqué sans arrêt, sollicité par des pièces sans unité, obligé de répondre aux situations les plus variables sans savoir ce qu'elles attendent de lui, quel texte il faut leur soumettre. (15)

So wird er unaufhörlich angesprochen; von Stücken ohne Einheit aufgefordert, gezwungen, den verschiedensten Situationen Antwort zu stehen, ohne zu wissen, was sie von ihm erwarten, welchen Text man ihnen zugrunde legen muß.

So werden ihm seine zukünftigen Existenzbedingungen in Träumen vorhergesagt: Er liegt z. B. als Toter ausgestreckt auf dem Boden, befindet sich aber gleichzeitig als imaginärer Lebender über seinem eigenen Leichnam. Der Lebende quält den Toten, bis letzterer schließlich aufsteht und den Lebenden bei der Hand nimmt. (13) Dieser Traum entspricht genau der Lage, in der sich *il* den ganzen Roman über befindet: In einem Dämmerzustand wird er, bis zu seinem Erwachen am Ende des Romans, hilflos dunklen Kräften, die sich als sein Unbewußtes entpuppen, ausgesetzt sein. Er wird so in eine Situation hineinmanövriert, der er nicht gewachsen ist, in der er aber eine Rolle spielen muß :

Alors le rideau se lève, il retrouve la vue, s'évade, se regarde aux prises avec le spectacle qui n'est ni dedans ni dehors. Alors, il entre comme pour la première fois en scène. Théâtre, donc: on recommence. Défilé irrésistible et chaotique, foules, cris, actes, paroles, paysages furtifs, quel silence. Tu as le choix et plus que le choix. La réponse te dira si tu l'as inventée. Plus de retards. A toi. (14)

Nun hebt sich der Vorhang, er findet seine Sehkraft wieder, entweicht, betrachtet sich in einer Auseinandersetzung mit dem Schauspiel, das weder innen noch außen ist. Nun tritt er, wie zum ersten Mal, auf. Theater also: man fängt von neuem an. Unwiderstehliches und chaotisches Defilee, Mengen, Schreie, Akte, Worte, flüchtige Landschaften, welche Stille. Du hast die Wahl und mehr als die Wahl. Die Antwort wird dir sagen, ob du sie erfunden hast. Keine Verzögerung mehr. Die Reihe ist an dir.

Aber was in dieser Traumszene ein Anfang, ein Beginn scheint, ist in Wirklichkeit bereits eine Wiederholung: „Du fängst von neuem an." Dieser Eindruck verstärkt sich im Laufe des Romans als das Gefühl „eines Zustands ohne Gedächtnis, einer Sache, die schon immer dem vorausgegangen wäre, was er zu sehen, zu denken gezwungen war". (64) Dies führt zum Verlust eines jeglichen Ursprungs, der zu einer „verirrten Wiederholung" (70) wird. Vor diesem Hintergrund kann auch das Bild der mineralischen und organischen ‚Ursprünge' von *il* besser gedeutet werden als ein „Schlaf ohne Zeit" (17), etwas, an das man sich nicht im Sinne einer linearen Geschichtlichkeit erinnern kann, weil es nie Gegenwart war.

Darüber hinaus sieht sich das *il* mit einer anderen, doppelten Schwierigkeit konfrontiert: Sein Versuch, einen Ursprung, einen festen Punkt im ständig fluktuierenden System der Wiederholungen zu finden, ist a priori zum Scheitern verurteilt, weil es in der Romanwelt von *Drame* keinen Ursprung oder Anfang gibt. In enger Korrelation dazu steht die in der weiteren Folge des Romans zutage tretende Unmöglichkeit, zu den Dingen selbst zu gelangen, weil auch diese immer bereits durch die Sprache gedoppelt, bereits Wiederholung und für die psychische Perzeption nie erreichbar sind. Umgekehrt erweist es sich ebenso als unmöglich, die Eindrücke und Erinnerungen zu verbalisieren. Auch sie können nur nachträglich verbalisiert und rekonstruiert, aber nicht unmittelbar wiedergegeben werden.

Rettung und Erlösung aus dieser aussichtslosen Situation erhofft sich *il* von einer Frau, die unvermittelt von ihm angesprochen wird: „Zu dir rede ich, wo auch immer du bist. Du kennst den Sinn der Wörter." (17)
Nach diesen sieben Seiten Einleitung, in der die Axiome für die zukünftige Romanhandlung dargelegt werden, wird der Roman als eine regelmäßige Reihenfolge von *il* und *je* weitergeführt. Die Ebene des *il* durchläuft, unter Ausnutzung aller perspektivischen Darstellungsmöglichkeiten bis hin zum *style indirect libre*, eine endlose Folge von Träumen, Wachzuständen, Erinnerungen an die Vergangenheit: Reisen, Autounfall, Krankenhausaufenthalt, Spaziergänge in einer Hafenstadt, erotische Situationen, das Umherirren in einer labyrinthischen Bildergalerie, kurz: das Leben des *il* von dem Moment seiner Geburt (105) bis in die Gegenwart des Niederschreibens. Ebenfalls werden auf der Ebene des *il* Erlebnisse und Gedankengänge der Ebene des *je* noch einmal durchdacht oder angekündigt. Auf der Ebene des *il* spricht ein auktorialer Erzähler, der mehr weiß als das *je*.[1] So wird auch, in dem Maße, wie das *je* das Bild der Frau evoziert, von ihr auf der Ebene des *il* als *elle* gesprochen, und schließlich werden beide zusammen als *ils* gesehen. Die Ebene des *je*, jedesmal angekündigt durch „Er schreibt", schildert den vergeblichen Versuch, endlich mit dieser *elle* in Verbindung zu treten, indem *je* versucht, seine Geschichte zu rekonstruieren, sein Entstehen aus jenen Urzuständen zu beschreiben und seine momentanen Eindrücke und Gedanken in Worte zu fassen. Aber dieser Versuch scheitert in einem doppelten Sinne am Problem der Sprache:
1. Es wird vergeblich versucht, zu jener Sphäre vorzustoßen, wo man die Dinge nicht nur sieht, sondern auch benennen kann:

Une table, une chaise, un lit; du bois, du ciment, de la pierre entassée, du verre, de l'air alentour, de l'eau ... Et lui: chair, sang, os ... Le tout emporté à une allure inimaginable, mais rivé peut-être à cette région ou il vient buter sans cesse, par hasard (et où l'on sait dire sang, air, pierre, etc.) ... (16)

Ein Tisch, ein Stuhl, ein Bett; Holz, Zement, aufgeschichteter Stein, Glas, rundherum Luft, Wasser ... Und er: Fleisch, Blut, Knochen ... und das Ganze auf unvorstellbare Art und Weise hinweggetragen, aber vielleicht fest mit jener Region verbunden, wo er unaufhörlich, zufällig hinzielt (und wo man Blut, Luft, Stein, etc. sagen kann) ...

So wie die Traumsprache unübersetzbar und mit der bewußten Sprache unvereinbar ist, kann auch das Gelebte nicht durch die bewußte Sprache wiedergegeben werden. Es ist unmöglich, die Momente einer reinen Gegenwart, eines plusquesprésent (98), sprachlich zu fassen, da das Perzipierte nie im gleichen Augenblick, sondern immer nur verspätet und nachträglich zu einem artikulierten Ausdruck werden kann, was *je* zu der Aussage veranlaßt: „Ich bin also ständig in Verspätung zu mir selbst." (93)
2. Die benutzten Wörter erlauben nicht nur keine reine Gegenwart, sondern auch kein direktes Erfassen der Dinge. Das *je* hat das Gefühl, genau vor der „Grenze der Wörter" stehenzubleiben, „genau bevor sie sicht- und hörbar werden". (87) Barthes deutet diese Problematik dahingehend, daß

sich die Figuren von *Drame* nicht in einer Welt der Gegenstände, sondern der *signifiés* bewegen.[2] Dies geht auch explizit aus dem Roman selbst hervor: „Es handelt sich um den Sinn der Wörter, nicht um die Dinge in den Wörtern." (113) So impliziert etwa der Ausdruck „mit geschlossenen Füßen" nicht die damit beschriebenen Gliedmaßen, sondern in ‚sinngemäßer' Fortführung der damit möglichen Assoziationen (Kinderspiele etc.) eine Bewegung, die „mitten hinein ins Ziel" führt. (24/25)

In diesem Universum sucht der *personnage* von *Drame* nun Rettung in einem allumfassenden Wort, von dem er sich die Lösung seiner Probleme verspricht. (130) Aber dieser alchimistische Traum der Welt in einem Wort geht nicht in Erfüllung, denn *il* selbst ist ebenfalls nur ein „Wort in einem Satz, den er folglich weder lesen noch ausfüllen kann". (149) Dabei ist er sich vollkommen seiner Lage bewußt und hat das Gefühl, in ein (Schach-) Spiel, dessen Regeln er nicht kennt, verwoben zu sein (21, 73) oder „gesprochen" (44), „das Echo eines Satzes" (51), „ein Text, den er gelesen hat" (53) zu sein. Seine Situation ist aussichtslos, denn es scheint, „als ob er unaufhörlich eine erweiterte Ellipse durchlaufen müßte, von der er nur einen der Brennpunkte bewohnte, so als ob allem, was er sagen könnte, im voraus jenes Wort fehlen würde, wegen dem er zum Reden gezwungen ist". (83) *Je* findet die Worte zu seiner Geschichte nur in dem Maße, wie dies auf der Ebene des *il* geplant ist. Als es dann gegen Ende des Romans wirklich in der Lage wäre, seine Geschichte zu erzählen, wacht es auf:

Il se réveille un matin dans ce qu'il a écrit. A la lettre: sans transition en ouvrant les yeux, le récit continue, se répète [. . .] Il sort en effet du texte, naturellement, il vient d'en toucher l'existence autonome, directe. (157/8)

Eines morgens wacht er in dem, was er geschrieben hat, auf. Buchstäblich: ohne Übergang indem er die Augen öffnet, die Erzählung geht weiter, wiederholt sich [. . .] Er tritt effektiv aus dem Text heraus, er hat soeben dessen autonome, direkte Existenz berührt.

Der Roman endet somit genau an dem Punkt, wo die Geschichte hätte niedergeschrieben werden können.

In dem bereits erwähnten Aufsatz *Logique de la fiction*[3] aus dem Jahre 1962 stellt Sollers ein Programm auf, das in *Drame* verwirklicht scheint und den Roman erhellen hilft. Demnach ist der Roman nicht nur Ausdruck phänomenologischer Zeiterfahrung, sondern auch jener Infragestellung des rationalen Ich, die von den dunklen Kräften des Unbewußten und Unreflektierten im Menschen ausgeht:

Was ich auch tue, es gibt immer genau im gleichen Augenblick die dunkle, unfaßbare Anwesenheit, die wie in einem doppelten Schatten angehäuft scheint, die Anwesenheit des Restes, der ich war (alle Zeiten des Verbums sein) und wo ich auf keine Weise eindringen kann. Ich lebe so auf einer fliehenden Kante: das Ungedachte, das Undenkbare, Abhänge, die meine unmittelbare Aufmerksamkeit eingrenzen, die mit ihr zurückweichen oder sich nähern. [. . .] Es ist nicht nur das „Unbewußte" das hier angesprochen wird, sondern das langsame und plötzliche Auftauchen der Reminiszenz, jene Art von Verdoppelung und von *je*, das, fast unbemerkt von uns, vollendet wird.[4]

Das Leben wird somit zu einer Wiederholung im Sinne Kierkegaards, zu einem „vorverlegten Rückerinnern".[5] *Drame* verbindet die Stufen dieser surrealen Wirklichkeit, indem die Ebene des *il* die Kräfte des Unbewußten und den Mechanismus der Wiederholung symbolisiert, die des *je* jedoch ihr momentanes Erleiden, wobei sich die beiden Ebenen gegenseitig bedingen und ergänzen:

[. . .] Une image: par exemple il peut représenter un arc, et je la flèche. Le second doit jaillir du premier comme la flamme du feu, incessante, active, mais pouvant aussi y rentrer sans efforts, s'y résorber, tandis que le feu lui même est plus ou moins vif et je peut alors devenir ce qui l'alimente, s'y brûle etc. De même: un fleuve et son affluent, une rivière et la mer [. . .] (133)

[. . .] Ein Bild: il kann z. B. einen Bogen und je den Pfeil darstellen. Der zweite muß aus dem ersten herausschießen wie die Flamme aus dem Feuer, unaufhörlich, aktiv, kann aber auch ohne Anstrengung dorthin zurückkehren, darin wieder aufgehen, während das Feuer selbst mehr oder weniger lebendig ist, und je kann somit zu dem werden, was es nährt, es verbrennt sich darin etc. Ebenso: ein Strom und sein Nebenfluß, ein Fluß und das Meer [. . .]

Der *personnage* des Romans ist somit gedoppelt, ist Handelnder und Zuschauer zugleich, wie auf jenem Bild, wo dieselbe Person gleichzeitig zwei Armeen in sich vereint. (57)

Dieser fluktuierende Prozeß der Bewußtseinsstrukturierung, der nicht mehr durch die rational faßbaren, sondern durch die irrationalen und unbegreiflichen Kräfte des Ungedachten erfolgt, findet seinen adäquaten Ausdruck in einer dem Einfluß des Autors entzogenen dialektischen Produktion von Texten, einer *écriture textuelle: Drame* entspricht genau jenem auf Seite 148 beschriebenen Roman, dessen Elemente, in ständiger Bewegung und ohne festes Zentrum, ein Buch formen, das sich dadurch weiterentwickelt, daß es seine „eigene Lektüre voraussieht". *Drame* will demnach ein *géno-texte*[6], das Volumen der sich immer neu entfaltenden Bedeutung, sein, in welchem es nicht einmal mehr stabile, unveränderliche Elemente, die in einer funktionalen Beziehung zueinander stehen, gibt, sondern nur noch Spuren innerhalb sich ständig bewegender Verweisketten, bei deren Überschneidung sich der vieldeutige Sinn des Buches konstituiert. Das den Text strukturierende Prinzip ist dabei eine auf mehreren Ebenen zugleich wirksame Intertextualität:

1. Aus den Wechselwirkungen der Ebenen von *il* und *je* entsteht nicht nur die Romanwelt, sondern auch der *personnage* vor den Augen des Lesers, wobei Anfang und Ende von den Axiomen, die der Autor setzt, bestimmt werden. Im Falle von *Drame* entsprechen die Kombinationsmöglichkeiten genau den 64 Hexagrammen des *Yi-King*[7], wodurch die Generierung des Textes verselbständigt und dem Einfluß des Autors entzogen wird.

2. Aufgrund von nahtlos in den Romantext eingefügten Zitaten, die thematisch alle in Verbindung mit der Situation des *personnage* stehen und welche dieser auch zu entziffern sucht, wird wechselseitig aus dem Akt des Schreibens ein gleichzeitiger Akt des Lesens:

Il ouvre un autre livre: (Notre feu est minéral, esgal, continuel, ne s'évapore point s'il n'est trop excité . . . il desrompt tout, dissoult, congèle et calcine . . . il est aussi humide, vaporeux, digérant, altérant, pénétrant, subtil, aérien, non violent, sans bruslure, circondant, et environnant, contenant, unique . . .) (144) Er öffnet ein anderes Buch: (Unser Feuer ist mineralisch, gleich, beständig, verdampft nicht, wenn es nicht zu sehr angeregt wird . . . es zersetzt alles, löst auf, friert ein und brennt zu Kalk . . . es ist feucht, dunstig, verdauend, verändernd, durchdringend, subtil, ätherisch, nicht heftig, ohne Brennen, umgrenzend und umgebend, fassend, einzig . . .)

Diese magischen Eigenschaften des alchimistischen Feuers erinnern an die Fähigkeiten des Wortes, das die ganze Welt einschließt (130), und von dem sich der *personnage* Rettung erhofft. Das zweite Beispiel ist im Zusammenhang mit der gedoppelten Situation der *personnage* zu sehen:

Le texte dit: Deux oiseaux, compagnons inséparablement unis, résident sur le même arbre: l'un mange le fruit de l'arbre, l'autre regarde sans manger. Il vient de recopier ce passage (le rapprochant aussitôt de sa propre situation incertaine et doublée). A la fois cause et effet, dessin et couleur . . . (152) Der Text sagt: Zwei Vögel, untrennbare Gefährten, sitzen auf dem gleichen Baum: der eine ißt die Frucht des Baumes, während der andere zuschaut, ohne zu essen. Er hat diesen Abschnitt gerade kopiert (und bringt ihn sofort mit seiner eigenen unsicheren und gedoppelten Situation in Verbindung). Zugleich Ursache und Wirkung, Zeichnung und Farbe . . .

3. Ähnlich verhält es sich mit den unzähligen Bildbeschreibungen — am Anfang des Romans wird ja angekündigt, daß die Romanfigur den Eindruck haben wird, sich in „einem beseelten Museum verirrt zu haben, wo sie gleichzeitig eine beiläufige und zentrale Figur aller Gemälde wäre" (12) —, die ebenfalls alle mit der Problematik des *personnage* zusammenhängen. So etwa wird die zentrale Problematik der Suche nach dem allumfassenden Wort durch das Bild eines von Pfeilen durchbohrten Gefolterten illustriert, wobei sich dann jedoch herausstellt, daß der Gefolterte „der wirklich vibrierende Pfeil" ist. (130/31) Dieses auf den ersten Blick enigmatische Bild könnte als Versinnbildlichung der Lage des *personnage* gedeutet werden, der ständig von Worten, ganz wie der Gefolterte von Pfeilen, förmlich durchbohrt wird, dabei jedoch selbst auch nur eine Wortrealität, „ein Wort in einem Satz" (149) ist.

Aber gerade die Tatsache, nur eine Wortrealität zu sein, beinhaltet die ganze Aussichtslosigkeit des Strebens von *je* nach Leben und Ursprung. Immer wieder wird im Roman die Frage gestellt, wie der Gegensatz zwischen Sprache und Wirklichkeit, Literatur und Leben überbrückt werden kann, wobei der Roman selbst als Weg hin zum Leben, symbolisiert durch die Suche nach der *elle*, gesehen wird. (27) *Drame* kann somit durchaus im Sinne Pollmanns als eine poeto-mythologische Recherche[8] nach der verlorenen Totalität von Sprache, Literatur und Leben gedeutet werden. Zu beachten ist jedoch, daß sich dabei die Literatur selbst zerstört, weil der absolute Augenblick, die reine Gegenwart nicht durch die *écriture* fixiert werden kön-

nen, sondern bereits Leben sind und somit die Literatur, die zu diesem
Moment hingeführt hat, überflüssig machen. Daher schließt der Roman mit
seiner Zerstörung:

‚On doit considérer que le livre échoue ici – (brûle) (s'efface) (dans la pensée qui n'a
pas de dernière pensée' – ‚plus nombreuse que l'herbe' – ‚l'agile, la rapide entre toutes, qui prend appui sur le coeur') –. (158)

‚Man muß annehmen können, daß das Buch hier scheitert – (brennt) (sich auslöscht)
(in dem Gedanken, der keinen letzten Gedanken hat' – ‚zahlreicher als das Gras' –
‚der behende, der schnelle unter allen, der vom Herzen seinen Ausgang nimmt') –.

Die einzige gültige ‚Wirklichkeit', die jenseits einer jeglichen direkten Erfaß-
barkeit durch die Sprache noch bleibt, ist der pulsierende, biologische Aspekt des Lebens, das einfache, unreflektierte Dasein inmitten geschichtslo-
ser Urelemente, ein Gedanke, der dem Roman als Leitsatz vorangestellt ist:
,,Le sang qui baigne le cœur est pensee", ,,das Blut, welches das Herz ba-
det, ist Gedanke".

Im Mittelpunkt von *Drame* steht somit zwar eine phänomenologische
Fragestellung, die Antwort ist allerdings negativ. Nicht nur die phänomenologische Vorstellung einer linearen Zeit gemäß den Ausführungen Derridas[9]
wird zerstört, sondern vor allem die Möglichkeit des Erkennens grundsätzlich in Frage gestellt, ja sogar verneint. Zwischen den Dingen und dem Bewußtsein liegt eine unabhängige, dritte Schicht: die Sprache.[10] Sie ist es,
die das Bewußtsein nicht nur formiert, sondern auch deformiert und jegliche menschliche Autonomie als Illusion erscheinen läßt. Sie diktiert einerseits jegliches Erkennen a priori durch ihre Struktur, indem sie Wirklichkeit
richtiggehend ‚schafft', und trägt andererseits als Doppelung der Welt die
Schuld daran, daß ein unmittelbares Erfassen, das Erleben einer reinen Gegenwart unmöglich ist, daß alles zu einer Wiederholung wird. Aber nicht
nur die Dingwelt wird durch die Sprache gedoppelt und der direkten menschlichen Erfahrung unzugänglich gemacht, sondern auch der Mensch selbst,
indem ein jeglicher Bewußtseinsakt als Doppelung des Unbewußten gedeutet wird. Wurde bisher im *je* Ausgangspunkt und Ziel des menschlichen Erkennens und Erlebens gesehen, so verlagert sich dies auf das *il*, jenes anonyme und unfaßbare Gebiet des Unbewußten, von welchem das *je*, aufgrund
der immer unvollständigen und verspäteten ‚Übersetzung' durch die Sprache des Bewußtseins, nur ein falsches und verzerrtes Bild haben kann. Bei
dieser Problemstellung wird zwar primär immer noch vom Menschen ausge-
gangen, gleichzeitig wird hier jedoch der erste Schritt zu seiner ‚Dezentrierung' und damit zur Auflösung des traditionellen Humanismus getan.

2. Jean-Louis Baudry: *Personnes* (1967)

Am Vorbild von *Drame* orientiert führt dieser zwei Jahre später erschienene Roman von Baudry zu einer wesentlichen Erweiterung der Personalpro-

nomenstruktur. *Personnes* beginnt mit den Überlegungen eines *je*, das versucht, sich Klarheit über seine Situation zu verschaffen. Der Ausgangspunkt ist dabei eine „unbestimmte Form oder eine grammatikalische Struktur", die, „an eine andere Erfahrung gebunden", sich als unentwirrbares Zeichen präsentiert und von nun an das Leben dieses *je* bestimmt:

... un mot peut-être, ou un départ grammatical – sujet encore indéterminé – ou seulement une figure libre de sens dont je ne pouvais préciser la nature. Rattachée à une expérience différente, elle en était maintenant la répétition, le signe indéchiffrable. (5)

... ein Wort vielleicht oder ein grammatischer Anfang – noch unbestimmtes Subjekt – oder nur eine sinnfreie Figur, deren Natur ich nicht näher bestimmen konnte. An eine andersartige Erfahrung gebunden, war sie jetzt deren Wiederholung, deren unentzifferbares Zeichen.

Bei diesem ,Anfang', der immer schon eine Wiederholung ist (die drei Punkte, die den Roman einleiten, lassen auch den Romananfang als unmittelbare Weiterführung, als Fortsetzung eines vorhergehenden Textes und nicht als Ursprung und Neuanfang erscheinen), handelt es sich um die Worte einer *elle*, die „einen Anfang bedeuten, der bereits über [das *je*]verfügt". Auch im Zentrum von *Personnes* steht somit die endlose, a priori zum Scheitern verurteilte Suche des *je* nach einer *elle*, durch die *je* seine Vergangenheit, seine Situation und seine Identität zu finden hofft. Gleichzeitig weiß aber das *je*, daß seine Zukunft von einer dunklen Vergangenheit bestimmt wird, daß alles, was es erlebt, „Gesichter und Worte, die es woanders gehört hat", (7) sind:

Alors je l'appelle et je prévois aussitôt une succession de lieux, on dirait couloirs, rues, façades superposées; tous les paysages se ressemblent maintenant. Je l'appelle et c'est aussi le déroulement de scènes jouées pour d'autres fois: chambres où l'on s'efforce de crier, parois de grottes, corps brusquement découverts. Puis une surface plane s'élève devant moi, de plus en plus haute, perdue dans le ciel – je n'en apercevrai plus les bords – là-bas recourbée. Je suis condamné à rester de ce côté-ci. A mesure que j'avance, elle se couvre de taches, couleurs, traits, tout un ensemble de figures entrelacées qui ne m'appartiennent pas. A peine si j'ai le droit de les fixer, bien que je ne puisse m'en détacher. Il m'est en tout cas interdit d'apprendre ce qu'elles signifient. [...] j'habite cette surface. Les forces qui la travaillent disposent désormais de moi. (6)

Nun rufe ich sie und sehe sogleich eine Abfolge von Orten voraus, man würde sagen Gänge, Straßen, übereinandergelagerte Fassaden; alle Landschaften ähneln sich jetzt. Ich rufe sie, und es ist auch der Ablauf von Szenen, die für andere Male gespielt sind: Zimmer, wo man sich anstrengt zu schreien, Wände von Grotten, plötzlich entdeckte Körper. Dann erhebt sich, immer höher, im Himmel verloren, da unten gekrümmt, eine ebene Oberfläche vor mir – ich werde ihren Rand nicht sehen können. Ich bin dazu verdammt, auf dieser Seite hier zu bleiben. In dem Maße, wie ich vorwärts gehe, bedeckt sie sich mit Flecken, Farben, Gesichtszügen, eine Gesamtheit ineinanderverschlungener Gesichter, die mir nicht gehören. Ich habe kaum das Recht, sie genau anzuschauen, obwohl ich mich nicht von ihnen lösen kann. Es ist mir jedenfalls untersagt zu erfahren, was sie bedeuten. Ich bewohne diese Oberfläche. [...] Die Kräfte, die sie bearbeiten, verfügen von nun an über mich.

Ganz wie *Drame*, das sich von einer ähnlichen Ausgangssituation aus dann in einem regelmäßigen Wechsel von *je* und *il* entfaltet, verläuft *Personnes* prinzipiell in einem Wechsel von *je* und *elle*. Neu ist jedoch — und dies kompliziert die Struktur des Romans ungemein —, daß sich diese beiden *personnages* ,verdoppeln' (*je* wird zu *il*, und *elle* wird zu *je*) und dabei voneinander und zueinander reden. Hinzu kommt dann noch die Beschreibung eines auktorialen Erzählers, so daß sich folgende neun Erzählsituationen ergeben:

1. *Je* (masc.) spricht als *je*.
2. *Je* spricht von *elle*.
3. *Je* spricht von seinem Doppelgänger *il* und sieht sich mit diesem zusammen als *nous*.
4. *Elle* redet als *je* (fem.) in der Form *tu* zu *je* (masc.).
5. *Elle* redet als *je* in der Form *vous* zu *il*.
6. Auktorialer Erzähler beschreibt Gefühle und Gedanken von *elle*.
7. Auktorialer Erzähler beschreibt Gefühle und Gedanken von *il*.
8. Auktorialer Erzähler beschreibt Gefühle und Gedanken von *il* mit eingeschobenen Zitaten von *je*.
9. Auktorialer Erzähler beschreibt zusammen in einem Kapitel die Gedanken und Gefühle von *il* und *elle*.

Im letzten Kapitel des Romans wird ein Schlüssel zum Personalpronomenaufbau des Romans gegeben, wobei besonders betont wird, daß die dort dargelegten Axiome des Romanaufbaus von niemandem niedergeschrieben worden sind. Der Roman soll also das Produkt einer automatischen Generierung sein, bei welcher der Autor nur noch als *operateur* im Sinne Mallarmés fungiert. Die Regeln der Generierung gehen klar aus dem ,magischen Viereck' hervor, das sich mit fortlaufender Zahlenreihe, die ihren Ausgang von den jeweils gegenüberliegenden Ecken nimmt, vom äußersten Rand her immer mehr verkleinert und in einem Punkt, dem letzten Kapitel, endet:

Je → je	:	4, 6, 17, 28, 32, 39, 55, 61, 80.
Je → elle	:	1, 8, 11, 21, 24, 34, 50, 52, 76.
Je → il	:	9, 16, 25, 35, 42, 45, 47, 68, 73.
Elle → elle	:	5, 19, 27, 36, 38, 46, 48, 66, 74.
Elle → je (tu)	:	12, 14, 22, 41, 53, 59, 67, 71, 79.
Elle → il (vous)	:	33, 40, 43, 49, 51, 58, 62, 63, 75.
Il → il	:	7, 18, 23, 37, 56, 60, 65, 70, 77.
Il → je	:	2, 15, 20, 30, 31, 57, 69, 72, 81.
Il → elle	:	3, 10, 13, 26, 29, 44, 54, 64, 78.

„Les axiomes s'y lisent, inscrits par personne"

	je	elle	il	je	il	elle	elle	je	il
elle	1	5	13	21	29	27	19	11	3
il	9	33	37	45	56	51	43	35	7
je	17	41	57	61	69	67	59	39	15
il	25	49	65	73	77	75	63	47	23
je	32	53	72	80	81	79	71	55	31
elle	24	48	64	76	78	74	66	50	26
il	16	40	60	68	70	62	58	42	18
elle	8	36	44	52	54	46	38	34	10
je	4	12	20	28	30	22	14	6	2

Da jede der oben angeführten Kombinationen von Personalpronomen neun Kapitel füllt, umfaßt der ganze Roman 81 Kapitel. Ausgangspunkt ist die Zahl 3, also die Zahl der Personalpronomen, die auf 9 Arten miteinander kombiniert werden können. *Personnes* erfüllt somit die grundlegende Forderung der Theorie Baudrys, wonach ein Roman aus einzelnen, in sich abgeschlossenen Fragmenten (hier die einzelnen Kapitel mit jeweils verschiedenen Personalpronomenkonstellationen) bestehen soll, die in ihrer Interaktion dann einen unbegrenzten Text ergeben können. Die zahlenmäßige Begrenzung ergibt sich aufgrund willkürlich gesetzter Axiome, die wie ein „Gitter" einen räumlichen Ausschnitt vermitteln sollen, um so jede lineare Lektüre und Sinngebung unmöglich zu machen.[11]

Die rein formale Gliederung, die einer jeden Personalpronomenkonstellation neun Kapitel zuerkennt, läßt kein eigentliches ‚Zentrum' des Romans erkennen. Bei der Lektüre stellt sich jedoch heraus, daß es in der Interaktion der Personalpronomen ein eindeutiges Zentrum gibt, nämlich das *je* (masc.), auf welches alle Überlegungen und Funktionen der übrigen Personalpronomen ausgerichtet sind. Dieses *je* ist allerdings ein negatives, leeres Zentrum; es ist von Anfang an dazu verdammt, bei der Herausarbeitung seiner eigenen

Bedeutung von anderen abhängig zu sein. Diese anderen sind sowohl *il* als auch *elle*.

Il präsentiert sich als anonymer Doppelgänger von *je*, als eine Art Über-ich, als Verkörperung des Unterbewußten, von dem ein unentrinnbarer Zwang ausgeht. *Il* erscheint wie eine Formel, „die dem, was Sinn gibt", vorausgeht, und *je* befindet sich ihm gegenüber in einer Art „Grenzstellung, wie am Rande eines unkontrollierten und unverständlichen Gedächtnisses". (94)

Noch schwieriger ist die Deutung von *elle*. *Elle* und *je* (masc.) bilden als zwei Elemente, die sich gegenseitig bedingen, eine unzertrennbare Einheit. *Il* ist seinerseits nur das Resultat einer Lektüre, die *elle* tätigt. Sie kann aber wiederum nur soweit lesen, wie er an sie denkt. (57) Dabei nimmt *elle* je-doch eindeutig eine Vormachtstellung ein, denn sie kann zu *je* (*il*) in der Form *tu* (*vous*) sprechen und ihn über gewisse Fragen seiner Existenz auf-klären. Er hingegen kann nur von ihr, jedoch nicht mit ihr sprechen und hängt vollkommen von ihren Worten ab:

C'est donc moi [i. e.: *elle*] toujours que tu entends, c'est par cette personne qui te nomme que tu deviens celui qui me parlera. Permutation qui te voue à une action, à un déchiffrement incessant. Impossible d'en finir avec cette dualité, mais impossible aussi de la comprendre. Où que tu te trouves, je te surveille; dès que tu parles, c'est moi qui te parle. (162)

Du hörst also immer mich [i. e.: *elle*], durch diese Person, die dich nennt, wirst du derjenige, der mich sprechen wird. Permutation, die dich zu einer Aktion, einem un-aufhörlichen Entziffern verdammt. Unmöglich, mit dieser Dualität aufzuhören, aber auch unmöglich, sie zu verstehen. Wo auch immer du bist, ich überwache dich; sobald du sprichst, bin ich es, die zu dir spricht.

Gemäß diesem wahrhaft Lacanschen Kommunikationsmodell[12] begegnet *je* ständig dieser *elle*, deren Macht er nicht entrinnen kann, da sie als Teil seiner selbst auf immer mit ihm verbunden ist:

[. . .] dès que tu veux te reconnaître – miroir, plage de sable, surface –, c'est moi qui apparais – images, empreintes, mots –, dès que tu me cherches – visages, corps, paroles –, c'est toi que tu vises – désir et mort. (171)

[. . .] sobald du dich erkennen willst – Spiegel, Sandstrand, Oberfläche –, bin ich es, die erscheint – Bilder, Spuren, Worte –, sobald du mich suchst – Gesichter, Körper, gesprochene Worte –, bist du es, den du anvisierst – Wunsch und Tod.

Aufgrund dieses Zitates könnte man geneigt sein, *elle* als Ausdruck der Trie-be (Eros, Tod), als das Freudsche Es zu interpretieren. Aber *elle* ist nicht nur ein abstraktes Prinzip, sondern auch eine reale Person, die ebenso wie *je* auf der Suche nach ihrer Identität ist, aber ebenfalls als gedoppelte Person diese nicht finden kann. (161)

Somit werden sowohl *je* (masc.) als auch *elle* von anderen, ihnen überle-genen Kräften beherrscht. *Je* ist dabei im Nachteil, denn es hängt zusätz-lich noch von *elle* ab, wird von ihr gesprochen. Die zentrale Frage, die es sich angesichts dieser Situation stellt, lautet daher: „Ich spreche, also bin ich; aber wer spricht? " (83) Die Antwort darauf lautet jedoch: „Du lebst, also spreche ich." (84) Der Prozeß der Bewußtwerdung des *je* ist somit immer an ein *tu*, einen anderen, gebunden und wird dadurch zu einem sprachlichen Vorgang. Dabei „existiert das Wort bereits vor demjenigen, der es sagt" (75), d. h., daß es vor der Verbalisierung des Ich keine ursprüngliche und a priori bestehende Essenz ‚Mensch' gibt, sondern daß dieser ein Produkt der Sprache ist:

Il pouvait sembler que celui qui parlait (moi donc) existait antérieurement à une expression qui de la sorte le reflétait; et j'étais chaque fois surpris par la facilité avec laquelle je me représentais ma vie dans un discours indirect. Aux mots attendus [...] faisait écran une nappe verbale discursive, les modes habituels d'une syntaxe où semblait se poursuivre le sommeil d'une parole entretenue depuis toujours; sommeil d'autant plus dangereux que j'avais en effet lors de cet enchaînement de raisons et de preuves, l'impression de m'éveiller au théâtre impromptu des significations, de me situer relativement au lieu commun d'un langage qui me donnait l'illusion de ma place exacte. (64)

Es konnte scheinen, daß derjenige, der sprach (also ich), vor einem Ausdruck, der ihn widerspiegelte, existierte; und jedesmal überraschte mich die Leichtigkeit, mit der ich mir mein Leben in indirekter Rede vorstellte. Den Hintergrund für die erwarteten Worte [...] bildete eine diskursive verbale Fläche, die gewohnten Modi einer Syntax, wo sich der Schlaf eines gesprochenen Wortes fortsetzt, das sich immerdar erhalten hat; ein Schlaf, der um so gefährlicher war, als ich tatsächlich bei dieser Verkettung von Gründen und Beweisen den Eindruck hatte, im Stegreiftheater der Bedeutungen aufzuwachen, mich in Gemeinplatz einer Sprache niederzulassen, die mir die Illusion meines exakten Platzes gab.

Durch eine Verbalisierung wird somit keineswegs die Garantie für eine Selbsterkenntnis gegeben, vielmehr entfernt sich der Sprecher in seiner Rede, die er über sich selbst hält, immer weiter von seinem eigentlichen Kern. Hauptursache dafür ist die Nachträglichkeit der Sprache, die eine reine Gegenwart unmöglich macht, denn „von den Lippen zum Denken wird die umgekehrte Distanz unüberwindbar". (13) Als *je* dann endlich glaubt zu wissen, wer es ist, kann es nur noch im Imperfekt (183) oder in indirekter Rede (64) sprechen, also immer nachträglich und im Hinblick auf eine Geschichte, die es für seine hält.

Ein weiterer Grund für die Unmöglichkeit eines Selbsterkennens liegt in dem ständigen Fließen des Sinns unter dem sich in unaufhörlicher Bewegung befindlichen *signifiant*. Dieses wird so zu einer „Metapher des Subjekts"[13], wobei letzteres nur noch ein Sieb scheint, in dem zufällig hineingeratene Wörter alle möglichen Sinnkombinationen ergeben. Die Wörter werden zu „Elementen im Zustand unstabiler Beziehungen" und scheinen für „vielfältige Spiele" geeignet. (63) Der Mensch ist dabei nur noch der Rahmen, das Gitter, in welchem alle Kombinationen möglich sind, es jedoch kein Zentrum mehr gibt, das die Kombinationen bestimmt. Der Weg des *je* gleicht einem Spiegellabyrinth, in welchem es nicht mehr unterscheiden kann, ob es alleine ist und nur durch die Spiegel verdoppelt wird, oder ob es sich in diesen Spiegelungen, die *je* für seinen eigenen Körper hält, in Wirklichkeit um das Zusammentreffen anderer, fremder Körper handelt. (152)

Der Versuch, sich selbst zu erkennen, wird so zum Versuch, seinen eigenen Körper zu finden und dessen Botschaft zu entziffern. Im Roman wird der Körper des *je* durch einen Text versinnbildlicht, in den sich die Umwelt und die anderen einschreiben. Selbsterkennen hieße demnach Entziffern dieser Inschriften. Die endlose Ebene, in der sich *je* im ersten Kapitel des Romans verliert, diese Oberfläche, deren Kräfte über ihn verfügen, enthüllt sich im letzten Kapitel des Romans als sein eigener Körper. Ebenso entpuppt sich jener Text, den ein anderer *je* zu Anfang des Romans überreicht, der aber unübersetzbar für ihn bleibt, als die Botschaft seines eigenen Körpers. Aber da diese Botschaft wiederum von anderen, fremden Kräften eingeschrieben ist, bleibt sie für *je* unverständlich:

Ensuite je voyais une assemblée de personnes groupées autour d'un centre qui restait invisible pour moi, là sur le sol, sans même parler, l'une d'elles traçait un dessin. Quand elle avait fini, une autre la remplaçait, complétant le dessin ou le recommençant. Et chacune à tour de rôle venait occuper le centre. L'assemblée se dispersait. A ce moment seulement je pouvais donner un sens à cette scène. Mais au même endroit j'apercevais une grande plaine jaune, déserte. Je devais la traverser. Elle s'élévait lentement, se recourbait, semblait prendre ma place. La plaine était aussi mon corps. J'écrivais mon corps et il fallait que j'ajoute [. . .] sans moi. (189)

Anschließend sah ich eine Versammlung von Personen, die um ein Zentrum standen, welches für mich unsichtbar blieb. Wortlos malte eine von ihnen eine Zeichnung auf den Boden. Als sie fertig war, trat eine andere an ihre Stelle und ergänzte oder begann die Zeichnung von neuem. Und so befand sich reihum jede im Zentrum. Die Versammlung löste sich auf. Erst in diesem Moment konnte ich der Szene einen Sinn geben. Aber auf dem gleichen Platz bemerkte ich eine große, gelbe, verlassene Ebene. Ich mußte sie durchqueren. Sie stieg langsam an, krümmte sich, schien meinen Platz einzunehmen. Die Ebene war auch mein Körper. Ich schrieb meinen Körper, und ich muß hinzufügen, [. . .] ohne mich.

Diese Szene versinnbildlicht nicht nur das Prinzip der Nachträglichkeit (Sinngebung der Szene ist erst nach deren Ablauf möglich, Gebrauch des Imperfekts), sondern läßt auch Schlüsse über jene Kräfte, nämlich *il* und *elle*, zu, die einerseits das *je* durch ihre ‚Schrift' beherrschen, aber andererseits auf geheimnisvolle Weise doch *je* sind und mit ihm eine Einheit bilden. Dabei erscheint *je* allerdings nicht als eine Essenz oder als eigenständiges Wesen, sondern als der Schnittpunkt, an dem sich *il* und *elle* kreuzen, welche tatsächlich als Verkörperungen von Überich und Es, die den Körper des *je* mit ihren Texten beschreiben, gedeutet werden können. Darüberhinaus illustriert *Personnes* die Intertextualität zwischen Körper und Bewußtsein, wobei der Akt der Bewußtwerdung in der Lektüre der Schrift des Körpers besteht. Allerdings bleibt dieser Text des Unbewußten unübersetzbar, gleich dem wirklichen Leben, das nicht von Sprache oder Literatur erfaßt werden kann. Ähnlich wie *Drame* endet auch *Personnes* mit dem Erwachen des *je*, und dies genau zu dem Zeitpunkt, als es glaubt, endlich den Augenblick, das Jetzt, die reine Gegenwart leben zu können.

Auch in diesem Roman ist eine Bewußtwerdung des *personnage* nicht möglich. Die Gründe dafür liegen in der Unmöglichkeit, daß mit der norma-

len Sprache des Bewußtseins weder die Wirklichkeit und Unmittelbarkeit
der Dinge und Gefühle erfaßt, noch die Folge von Traumszenen und Bildbeschreibungen, also der Text des Unbewußten, übersetzt werden können.
Diese letztere Schwierigkeit ergibt sich vor allem aus der Akausalität der
Traumszenen, die sich dem Betrachter als „stumme Inszenierungen" prä-
sentieren. Das Fehlen kausaler Fügungen, welche normalerweise die Grundlage für jede ‚normale' und ‚logische' Rede bilden, bewirkt eine Simultaneität und scheinbare Unlogik des Handlungsablaufes, die zu einer oft undeut-
baren Vieldeutigkeit für das sie betrachtende *je* führen.[14] Hier ein Beispiel
aus *Personnes*, ein Roman, der im Grunde, wie *Drame*, eine einzige Abfolge
solcher Bilder ist, die alle ohne kausale Fügungen aneinandergereiht sind,
wie überhaupt in beiden Romanen jedes die Kausalität ausdrückende Vokabular fehlt:

Voici par exemple un escalier qui rejoint deux rues superposées. Le pont métallique
au-dessus où se penche quelqu'un indique la direction de la voie quittée. Le même
pont traverse maintenant une large rivière bordée par une campagne plate et lumineuse
(lumière venant du sol, horizontale). C'est un fleuve qu'il descend dans une barque
étroite et la voit de profil comme s'il se trouvait aussi sur la rive, barque jaune rayée
de noir. Un chien veille à l'avant où rêve dans un silence qui flotte et glisse sur eux.
En même temps, dans un paysage semblable, il sait qu'il est appuyé contre une forêt -
le fleuve, la barque et la plaine se déplacent lentement devant lui. Il assiste au déploie-
ment d'une profuison végétale - ce qui se montre derrière la tête est visible - à une
animation de feuillages et de branches dont le parcours d'arrière en avant décrit une
profondeur passée qui vient s'écraser sur lui . . . (49)

Hier zum Beispiel eine Treppe, die zwei übereinanderliegende Straßen verbindet. Die
metallische Brücke darüber, über die sich jemand beugt, zeigt die Richtung der verlas-
senen Straße. Die gleiche Brücke überquert jetzt einen breiten Fluß, der von einer
flachen und leuchtenden Landschaft umgeben ist (das Licht kommt aus dem Boden,
horizontal). Sie fahren einen Fluß hinunter in einem schmalen Boot, und er sieht es
von der Seite, so als ob er sich auch am Ufer befände, gelbes Boot mit schwarzen
Streifen. Im Vorderteil wacht oder träumt ein Hund in einer Stille, die über ihnen
schwimmt und gleitet. Er weiß, daß er zur gleichen Zeit in einer ähnlichen Landschaft
gegen einen Wald gelehnt ist - während sich der Fluß, das Boot und die Ebene langsam vor ihm bewegen. Er wohnt der Entfaltung einer vegetalen Fülle bei - was sich
hinter seinem Kopf zeigt, ist sichtbar - einer Belebung von Blättern und Zweigen, deren Weg von hinten nach vorn eine vergangene Tiefe beschreibt, die auf ihn nieder-
stürzt. . .

Natürlich können diese Bilder und Szenen oftmals aus ihrem direkten Kontext oder spätestens aus dem Gesamtzusammenhang des Romans gedeutet
werden, zumal ihre Thematik immer wieder die gleiche ist (die Spaltung
des *je*, die bewirkt, daß es Zuschauer und Akteur zugleich ist; das ständige
Fließen der es umgebenden Elemente, die ihm jede feste Ausgangsbasis unmöglich machen und auf das Problem der ständigen Wiederholung hinweisen etc.). Sind solche Deutungen selbst für den Leser des Romans nur nachträglich, d. h. nach abgeschlossener Lektüre und Vergleich der einzelnen
Szenen möglich, dann sind sie für die in den Roman verwickelten Figuren
ganz und gar unmöglich.

Wenn Barthes am Beispiel von *Drame* herausstreicht, daß sich die *personnages* des Romans — und dies gilt auch für *Personnes* — in einer Welt von *signifiés* und nicht von realen Gegenständen bewegen, dann hängt dies engstens damit zusammen, daß die Bewußtseinsebene der *personnages* sich ausschließlich im Bereich des Traumes bewegt, also in einer reinen Zeichenwelt, die nicht die Dinge des Alltags ,darstellen' will, sondern die Distanz zu ihnen, dadurch, daß sie reine *signifiés* bleiben, ins Unendliche vergrößert. Was bleibt, ist ein differentielles Zeichengewebe, dessen ständig wechselnde Kombinationen keine feste Sinngebung zulassen. Dementsprechend ist auch die surreale Landschaft der Romane in einem Transformationsprozeß ihrer Elemente begriffen, die ständig brennen, sich neu bilden, ineinanderfließen und wieder verschwinden, ohne daß ein fixer Punkt gefunden werden könnte. Parallel zu dieser in ihrem Entstehungsprozeß geschilderten Landschaft bewegen sich in ihr anonyme Wesen, die ebenfalls im Prozeß ihrer Entstehung dargestellt werden. Sie sind weniger ,Personen' denn dahinvegetierende Formeln, die den durch die Kräfte des Unbewußten und der symbolischen Ordnung der Sprache gesteuerten Prozeß der Strukturierung dessen, was man bisher ,Persönlichkeit' nannte, sichtbar machen. So sind die Funktionselemente der *personnage* in *Drame je* und *il*, die erst in ihrer Gesamtheit eine ,geschlossene' Figur ergeben. Für *Personnes* gibt es bereits drei Elemente: *je, il, elle*. Es handelt sich gleichsam um eine simultane räumliche Projektion einer Person und der sie beherrschenden Kräfte. Diese Interpretation ist im Roman selbst angelegt, wenn sich *je* mit einem Gebäude vergleicht, dessen Dach teilweise zerstört ist, um es so von allen Seiten dem Blick zugänglich zu machen, das aber, trotz seiner Plazierung im dreidimensionalen Raum, in seiner Gesamtheit, wie bei einer Flächenprojektion, vom Blick erfaßt werden kann. (76)

Durch solche Konstrukte erscheint das, was bisher als die ,Essenz' des Menschen oder seine ,Persönlichkeit' genannt wurde, nur noch als ein Schnittpunkt der anonymen Kraftlinien des Unter- und Unbewußten, erscheint das Leben nur noch ein Kartenspiel, dessen Sinn sich aus den zufällig entstandenen Beziehungen der einzelnen Karten untereinander ergibt. Der einzige Ankerpunkt, der bleibt, ist *le désir*, der zu entziffernde Text des Körpers.[15]

3. Maurice Roche: *Compact* (1966)

Der ein Jahr nach *Drame* erschienene Roman *Compact* von Roche erweitert, unabhängig von den Theorien der Gruppe Tel Quel,[16] die Aussagemöglichkeiten der Personalpronomen, nicht nur im Hinblick auf den formalen Aufbau, sondern auch auf die ideologische und gesellschaftskritische Relevanz der Literatur. Einmalig an *Compact* sind nicht nur die konsequente Ausnutzung der Aussagemöglichkeiten *aller* Personalpronomen,

sondern darüber hinaus Inhalt und typographische Gestaltung des Romans:
Ein sterbender, von Amnesie befallener Blinder, der seinen Namen vergessen hat, liegt in Paris in einem kleinen Zimmer, dessen Wände mit Plänen
von fernen Ländern und Städten tapeziert sind. Es sind topologische Erinnerungen, die der Blinde zwar nicht sehen kann, die er aber wiederzubeleben
versucht, um so seinen verlorenen Namen und damit seine Identität wiederzufinden. Das unermüdliche Suchen des Blinden, das endlose, aber immer
vergebliche Durchlaufen seiner Erinnerungen, die ständige Geräuschkulisse
der ihn umgebenden Welt, der Besuch eines japanischen Arztes, der ihm
seine tätowierte Haut abkaufen will, die immerwährenden Überschneidun-
gen von Wirklichkeit, Traum und Halluzination und die daraus resultierende schier endlose Zahl kleinster Erzählungen, die sich ständig gegenseitig
ablösen oder sogar parallel nebeneinander herlaufen, das ist die ungewöhn-
liche Thematik von *Compact*. Noch ungewöhnlicher jedoch sind Form und
typographische Realisierung des Romans: Roche benutzt 22 verschiedene
Typographien. Der Text ist mit Zitaten aus 10 Sprachen durchsetzt. Er
enthält visuelle Elemente wie Noten, schwarze Flecken, weiße Zwischenräume, Blindenschrift, Elemente der Reklametechnik, Lautschrift etc.

Die ersten Seiten des Romans sind in der Form der direkten, familiären
Anrede des *tu* geschrieben. Die Zeit ist das Futur. Ein dem Leser nicht be-
kannter Sprecher redet in einem Monolog zu einem Mann, der sich im Zustand einer ,,langen Lethargie'' befindet, und prophezeit dessen zukünftiges
Leben: Dieser im Augenblick noch nicht ,existente' Mann wird beim Auf-
wachen blind sein und langsam sein Gedächtnis verlieren. Nur in seiner Vorstellungswelt wird er in labyrinthischen Städten umherirren und erotische
und kriegerische Abenteuer bestehen, in Wirklichkeit aber an sein Bett ge-
fesselt bleiben. Es wird genau festgesetzt, an was sich der Blinde noch erinnern und was er noch von der Umwelt erkennen wird. Sein Hauptanliegen
aber wird die Suche nach seinem verlorenen Namen sein, den er aber niemals finden wird, wodurch bereits das Ende des Romans vorweggenommen
ist.

Allerdings ist der unbekannte Sprecher nicht allwissend und kennt nicht
alle Einzelheiten des zukünftigen Handlungsablaufs. Dieser Eindruck entsteht vor allem durch einen perspektivischen Wechsel zwischen einer *vue
avec* und einer *vue du dehors* in seiner Rede zum Blinden:

Désert ton regard. Tout un passé inexprimable à présent. Tu attendras, les yeux béants,
vides, sur cette absence . . . (comment savoir si quelqu'un si personne dans cette chambre de plus en plus vaste? auras-tu peur d'être seul?)
Tu tourneras
                              lentement la tête
à gauche   à droite
avant de laisser aller ta nuque sur l'oreiller humide; le contact glacé de la taie te
fera frissonner. Tu toucheras ton visage, tu le palperas lentement (une présence ca!);
et cet objet (quel?) que - ayant tendu le bras - tu déplaceras sur la tablette à la droite
du lit, sans rien changer au paysage nocturne.
Tu te pelotonneras . . .

... en chien de fusil (aux aguets?) ...
Alors cette nuit ouverte, tu l'abandonneras pour une nuit fermée: doucement - tu
la rapprocheras de toi, tu l'attireras à toi - tu baisseras les paupières pour la réduire à
une petite nuit qui t'appartienne (où tu te réfugieras espérant retrouver la mémoire
de
                                  , et la trace d'un songe qui vint
troubler l'ombre sans fin . . .). (17-19)

Eine Wüste dein Blick. Eine ganze gegenwärtig unaussprechliche Vergangenheit.
Die Augen weit und leer auf diese Abwesenheit gerichtet, wirst du warten . . . (woher
wissen, ob jemand, ob niemand in diesem immer weiter werdenden Zimmer? wirst
du Angst haben, allein zu sein?)
Du drehst
                              langsam den Kopf
nach links   nach rechts
bevor du den Nacken in das feuchte Kissen fallen läßt; die eiskalte Berührung des
Bezugs läßt dich erschauern. Du wirst dein Gesicht anfassen, du wirst es langsam ab-
tasten (eine Gegenwart dies!); und jenen Gegenstand (welchen?), den du — mit ausge-
strecktem Arm — auf der kleinen Tischplatte rechts neben dem Bett verrückst, ohne
irgend etwas an der nächtlichen Landschaft zu ändern.
Du wirst dich zusammenrollen . . .
                         . . . wie ein Gewehrschnäpper
                         (auf der Lauer?) . . .
Diese offene Nacht also, du wirst sie aufgeben für eine geschlossene Nacht: sanft —
du wirst sie zu dir heranholen, sie an dich ziehen — wirst du die Lider schließen, um
sie zu verkürzen auf eine kleine Nacht, die dir gehört (in die du dich flüchten wirst in
der Hoffnung, die Erinnerung an
                         und die Fährte eines Traums wiederzufinden, der
den endlosen Schatten stören kam . . .). [Übers. Reblitz][17]

So sind die Frage „woher wissen, ob jemand [. . .] in diesem [. . .] Zimmer" oder die Feststellung „ohne irgend etwas an der nächtlichen Landschaft zu ändern" durch die ‚Augen' des Blinden ‚gesehen'. Ebenso verhält
es sich mit der Beschreibung des vom Blinden gesuchten Objekts, das nicht
genannt, sondern durch einen leeren Zwischenraum angedeutet wird. Durch
solche perspektivische Sehweisen scheint der Blinde nicht mehr nur ein leb-
loser Körper, der hilflos Befehle erhält, sondern ein lebendiges Wesen, das
bereits mit der Ausführung dieser Befehle beginnt.
    Dabei hat die Verbindung von *tu* mit dem Futur in beiden Fällen einen
imperativischen Charakter. Wie ein Regisseur gibt der Sprecher Anweisun-
gen für die zu spielende Rolle eines Blinden, indem er den Rahmen für die
zukünftigen Handlungen des Blinden genau absteckt. Die Sätze der Ebene
des *tu* bilden Kernsätze für alles weitere Geschehen des Romans, dessen
verschiedene Handlungsfäden eine Fortführung und Erweiterung der hier
anklingenden Themen sind. Die Ebene des *tu* ist also der Ausgangspunkt
für einen zukünftigen Roman, an dessen Entstehungsprozeß der Leser teil-
nimmt.
    Somit ist zwar der äußere Rahmen des Romans abgesteckt, das Innere
ist aber nur schwach skizziert. Es auszufüllen ist dem zukünftigen Blinden
vorbehalten, aber dafür muß er zuerst wirklich aus seiner Lethargie auf-

wachen. Dies geschieht auf der im Präsens geschriebenen Erzählebene des unpersönlichen *on*. Ausgehend von der Definition Spitzers: „*on* bewegt sich in einer Atmosphäre von *on – nous – moi*, der zu ihnen spricht",[18] können wir sagen, daß es sich im Roman um eine Ebene handelt, auf der das Ich des Sprechers zum *tu* des Blinden redet. Der Sprecher befiehlt nicht mehr, sondern lädt den Blinden zu dessen zukünftigen Handlungen ein. Dies geht sehr deutlich am Beginn der Ebene des *on* hervor, wo von dem vollständig mit Stadtplänen und Landkarten tapezierten Zimmer des Blinden die Rede ist, wenn es da heißt: „Man kann sich einem dieser Pläne nähern" (20), wobei gerade das „kann" den Charakter einer Einladung, eines Vorschlags hat. Dieser „inklusive Charakter"[19] des *on* bewirkt dabei eine verstärkte Fortsetzung des Perspektivismus der Ebene des *tu*:

On presse l'olive de la lampe de chevet une panne de courant? Une allumette (les allumettes sur la tablette) on frotte une allumette sans arracher la moindre lueur. On peut supposer que les allumettes sont humides. On ne voit rien. (28)

Man drückt den Schalter der Nachttischlampe ein Stromausfall? Ein Streichholz (die Streichhölzer auf dem Tisch) man reibt ein Streichholz ohne den geringsten Lichtschein hervorzurufen. Man kann vermuten, daß die Streichhölzer feucht sind. Man sieht nichts.

Die Frage „ein Stromausfall? " zeigt an, daß hier aufgrund der Anführungszeichen die Gedanken des Blinden wiedergegeben werden, und auch der Rest des Zitates ist in der Perspektive des Blinden geschrieben, der noch nichts von seiner Blindheit weiß. Das „kann" des vorletzten Satzes verweist jedoch auf die Mitwirkung einer anderen Macht, die auch hier dem Blinden die Gedanken eingibt. Die Ebene des *on* bildet hier eine Mischung sowohl vom *je* des Blinden, *tu* des Sprechers, der zum Blinden redet, als auch des *il* einer Beschreibung des Blinden. Zwar könnte jedes dieser einzelnen Pronomen alleine das *on* des Zitates ersetzen, dabei würde jedoch der spezifische Übergangscharakter des *on*, das den Blinden zwar schon bei seinen Handlungen zeigt, aber ihm diese noch vorschreibt, verlorengehen.

Stellenweise ist es unmöglich, eindeutig zu entscheiden, wer nun eigentlich auf der Ebene des *on* spricht:

On prend la direction du quartier chinois. On s'éloigne. TU TE PERDRAS DE VUE. On disparaît derrière un immeuble au détour d'une rue pour réapparaître à l'entrée de l'impasse perpendiculaire à l'avenue qui jouxte le marché, d'où l'on aperçoit enfin le Bazar. (58)

Man schlägt die Richtung zum Chinesenviertel ein. Man entfernt sich. DU WIRST DICH AUS DEN AUGEN VERLIEREN. Man verschwindet an einer Straßenecke hinter einem Gebäude, um am Anfang der Sackgasse, die senkrecht zur Avenue neben dem Marktplatz verläuft, wiederaufzutauchen, von wo man endlich den Bazar sieht.

Der Bezugspunkt des *on* ist in diesem Zitat sowohl ein *je* des Blinden als auch ein *il* einer Beschreibung des Blinden. Dieses Zitat illustriert auch sehr anschaulich, daß auf der Ebene des *on* der Blinde bereits selbst handelt, während die Ebene des *tu* den entsprechenden Befehl dazu erteilt: „Du wirst dich aus den Augen verlieren", und „man verschwindet hinter einem Gebäude".

Das Herausfinden der Bezugspunkte von *on* wird in anderen Passagen durch eine Analyse des verwendeten Vokabulars erleichtert. Da der Blinde in einem ständigen Hörraum lebt, den er mit einem musikwissenschaftlichen Fachvokabular wiedergibt, kann man bei Verwendung dieser Sprache darauf schließen, daß das *on* sich auf den Blinden bezieht, zumal dieses Vokabular auch auf der Ebene des *je*, wo der Blinde selbst spricht, verwendet wird. Aber auch auf der Ebene des *on* gibt es bereits Passagen, wo der Blinde, in einer Art inneren Monolog (163) oder in direkter Rede unter Verwendung von *on*, selbst spricht.

Eine Zusammenfassung der verschiedenen Sprechsituationen der Ebene des *on* ergibt folgendes Bild:

1. Ein *on inclusivus*, das als abgeschwächter Imperativ den Charakter eines Vorschlags annimmt. Der Bezugspunkt ist dabei das *tu* des Blinden, der immer noch durch die Rede des Sprechers geformt wird. Dieser Aspekt ist latent auch in den beiden folgenden Punkten vorhanden.

2. In der Form des *on* werden Bewegungen und Handlungen des Blinden in einer *vue du dehors* beschrieben, wobei der Bezugspunkt entweder ein *il*, mit welchem der Sprecher den Blinden beschreibt, oder aber auch ein *je*, so als ob der Blinde selbst redete, sein kann.

3. In einer *vue du dedans* werden Gedanken und Gefühle des Blinden beschrieben, wobei auch hier der Bezugspunkt des *on* ein *il* oder *je* sein kann. Das Innere des Blinden kann dabei in verschiedenen Stillagen mehr oder weniger adäquat ausgedrückt werden:

a. Das benutzte Vokabular stammt vom Sprecher.
b. Er benutzt das Fachvokabular des Blinden.
c. Er läßt den Blinden in einer Art innerem Monolog reden.

4. Der Blinde spricht in direkter Rede unter der Form von *on*.

Ausgehend von der Grundsituation des *on* als einem ständigen Pendeln zwischen dem *je* des Blinden und einem *il*, das den Blinden beschreibt, wobei in allen Fällen ein an den Blinden gerichtetes *tu* mitschwingt, könnte man die obige Aufstellung als Entwicklungslinie deuten, die sich vom *il* hin zum *je* des Blinden verlagert und ihn so allmählich als selbständig handelnden Menschen erscheinen läßt. In diesem Sinne wäre *on* jedoch nur eine Übergangsstufe zwischen dem *tu* der Anfangs- und dem zu erreichenden *je* der Endstufe und dürfte somit nach dem ersten Auftreten des *je* nicht mehr in Erscheinung treten. Im Roman ist nun aber weder eine ideale Reihenfolge der perspektivischen Wechsel noch der Übergangscharakter der Ebene des *on* verwirklicht. Vielmehr taucht *on*, ganz wie *tu*, den Roman über ständig auf. Dies deutet darauf hin, daß es nicht nur Ausdruck eines Evolutionsstadiums des Blinden ist, sondern tiefer mit seinem Wesen und seiner Problematik verbunden sein muß. Auf der Ebene des *on* werden auch tatsächlich zwei spezifische Probleme des Blinden behandelt: Die vergebliche Suche nach seinem Namen sowie seine Welt des Schmerzes, der Tortur. Durch den Schmerz wird sich der Blinde seiner Existenz überhaupt erst bewußt, denn er entreißt ihn dem „Vergessen der Elemente".[20] Das Aufhören des Schmerzes bedeutet den Verlust seiner ‚Persönlichkeit' und läßt ihn zu einer dahinvegetierenden Masse werden:

On disparaît avec la douleur porteuse qui s'en va. On se détache d'elle en allée. On se détache de soi.
On est dans l'espace on, petit pronom contenant le bruit de son moteur (on–on–on–on–on– . . .) (tant qu'on le suit dans ses évolutions).
Le on se meut hors de la douleur qui l'a entraîné et qui a disparu (147)

Man verschwindet mit dem tragbaren Schmerz, der abnimmt. Man löst sich von ihm im Gehen. Man löst sich von sich selbst.
Man ist im Raum *on*, kleines Personalpronomen, das den Lärm seines Motors enthält (on–on–on–on–on– . . .) (solange wie man es bei seinen Bewegungen verfolgt).
Das *on* bewegt sich außerhalb des Schmerzes, der es hervorgebracht hat und der verschwunden ist

Der Schmerz ermöglicht dem Blinden zwar die Erkenntnis der eigenen Existenz, entreißt ihn aber nicht der Anonymität. Diese Fähigkeit besitzt nur der Name, aber als er diesen schließlich findet, handelt es sich um ein chinesisches Ideogramm, das auf seine Haut gebrannt ist. Es wird *kou* ausgesprochen und bedeutet „Schmerz". Der Blinde symbolisiert so die Welt des anonymen Schmerzes, wie er immer wieder in den unzähligen Anspielungen des Romans zum Ausdruck kommt: Krieg, Krankheit, Konzentrationslager, Hiroschima etc. Diese Welt findet ihren adäquaten Ausdruck in einem gnomischen Gebrauch des *on*: „Das persönliche Leben löst sich in der Allgemeinheit des Menschlichen auf"[21].

Auf der Ebene des *je* spricht schließlich der Blinde selbst und dies gleich auf verschiedenen Stufen:
1. Er versucht, seine auditiven Eindrücke in eine normale und verständliche Sprache umzusetzen.
2. Er überträgt seine Eindrücke in die technische Sprache der Musikwissenschaft, wobei er gegen Ende des Romans nur noch onomatopoetische Klangbilder von sich gibt.
3. In 1. und 2. redet er als wirklicher Blinder. Spricht er jedoch von seinen Erlebnissen, dann sieht er wie ein normaler Mensch, da er nicht blind geboren ist.
Auf der Ebene des *je* verwirklichen sich die Ankündigungen der Ebene des *tu*: Vor der ihn ständig umgebenden Geräuschkulisse der Umwelt versucht der Blinde vergeblich, sich an seine Vergangenheit und an seinen Namen zu erinnern.

Eine andere Ankündigung der Ebene des *tu*, sich nämlich Zukunft und Tod vorzustellen, wird nicht mehr auf der Ebene des *je*, sondern der des *vous* realisiert. Die Typographie ist die der Ebene des *tu*, die Zeit jedoch das Konditional. Im Gegensatz zur Ebene des *tu* sagt der Sprecher hier nicht mehr, was der Blinde tun muß, sondern wie er es tun könnte. Nach der ein-

gangs gestellten prophetischen Frage: „[. . .] und läßt dich der sich weiten-
de Raum soweit gehen, daß du nie mehr zu dir zurückfindest" (16), läßt er
nun die Person des Blinden sich langsam auflösen: Der Blinde identifiziert
sich mit den ihn umgebenden Medien sowie mit seinem toten Vater und
verliert so die kurze Identität eines *je*. Diese Zersplitterung der Person des
Blinden wird durch den Gebrauch des *vous* ausgedrückt, denn „beim Personalpronomen ist der Plural ein Faktor der Unbegrenztheit und nicht der
Vervielfältigung"[22].
    Damit ist der Roman an seinem Endpunkt angelangt. Der Tod des Blin-
den findet seinen Ausdruck in der Auflösung der Sprache: „Eine Verkettung von Zeichen, von Narben, ein fühlbares Gewebe löst sich auf."
(Schlußsatz)
    Wie bereits *Drame* und *Personnes*, so ist auch *Compact* ein Roman, der
vor den Augen des Lesers entsteht. Auch hier ist die Hauptfigur nur eine
linguistische Realität, denn der Blinde existiert nur in dem Maße, wie der
Sprecher die passenden Worte findet. In einer Art ‚Sprechfolterung' programmiert er den Blinden, der dann auch jeweils im Rahmen dieser Programmierung handelt. Somit weist der Roman eine klare Zweiteilung auf:
In einem Teil spricht der Blinde, im anderen der Sprecher. Damit wird die
These „[. . .] vom Dialog mit dem Du, der sich immer wieder als Selbstge-
spräch entpuppt [. . .]"[23], die Reblitz in dem Vorwort ihrer teilweisen
deutschen Übersetzung aufstellt, unhaltbar. Der Sprecher ist nicht mit dem
Blinden identisch, sondern stellt eine von ihm unabhängige Kraft dar, die
später noch näher zu deuten ist. Geht nun in *La Modification* die Entwicklung nicht über eine Bewußtwerdung hinaus, und endet der Roman, als er
niedergeschrieben werden könnte, dann wird hingegen in *Compact* diese
Bewußtwerdung, die das Siegel der Worte des Sprechers trägt, in eine wirkliche Aktion übergeführt. Der Roman stellt ein geschlossenes System dar,
das sich selbst generiert. *Compact* ist ein Roman, der eingerahmt ist von
den Romanen seiner Entstehung und seines Endes. Dies war nur möglich
durch eine systematische und vollkommen neue Ausnutzung der erzähleri-
schen Möglichkeiten der Personalpronomen, die, weit über jede formalisti-
sche Spielerei hinaus, Ausdruck der Problemstellung des Romans sind: Um
seinen Namen zu finden, braucht der Blinde eine Lebensgeschichte. Da aber
dies aufgrund der Prophezeiungen des Sprechers unmöglich ist, erfindet er
sich eine ganze Reihe von Geschichten. Dieser französische Gantenbein[24]
ist ein anonymes und polyglottes Wesen, das seine Identität ständig wechselt.
Dabei hat er eine besondere Vorliebe für historische Personen, deren Hel-
dentaten einst in Epen verewigt wurden. Dieser ständige Identitätswechsel
macht es schließlich auch möglich, daß sich den ganzen Roman über die verschiedenen Personalpronomen immerfort überschneiden. Das *je* des Blinden
ist die Summe aller dort erzählten Geschichten. Einen wesentlichen Teil
dieser Geschichten erfindet der Blinde nicht selbst. Vielmehr werden sie ihm
durch Medien wie Radio und Buch vermittelt, und er braucht sich nur noch

mit ihnen zu identifizieren. Gegen die Medien ist der Blinde machtlos, und ihre Botschaft beeinflußt ständig seine persönliche Substanz, bis er schließlich ganz von den Medien geformt wird. Aus der *message* wird eine *massage*.[25] Dieser Prozeß der Programmierung des Blinden durch die Medien, der in den Tätowierungen auf seinem Körper einen erschreckenden symbolischen Niederschlag findet, spiegelt sich in demjenigen der Schaffung des Romans durch die Worte des Sprechers und durch die Strukturierung der Personalpronomen. Dieser bisher unbekannte Sprecher erscheint somit nicht mehr nur eine Verkörperung der Kräfte des Unbewußten, sondern der durch die Medien übertragenen Umwelteinflüsse, die den Blinden formen. Die Lacansche Formel des Unbewußten als Verkörperung nicht nur der Triebe, sondern auch der Kräfte der Umwelt findet hier eine volle Anwendung.

Die vermeintliche Einheit und Einzigartigkeit des Individuums wird so in *Compact* in Frage gestellt. Als Folge identifiziert sich das *je* mit dem kollektiven *nous* und verschwindet unter dem Schleier des anonymen *on*. Die enorme Disproportion zwischen dem Körper des Individuums und den Kräften der technischen Zivilisation führt im Roman dazu, daß der Blinde diesen Kräften ohne Verteidigungsmöglichkeit ausgeliefert ist. Dabei öffnet sich ein Teufelskreis, aus dem es kein Entrinnen gibt: Eine Selbstfindung des Blinden ist unabänderlich an eine Verbalisierung gebunden, die ihrerseits nur durch die zwischenmenschliche Rede möglich wird. Dadurch ist jedoch die Substanz des zukünftigen ‚Individuums' vollständig der Formung durch fremde Kräfte ausgeliefert, wobei seine Einsamkeit den Blinden in die Arme der Medien treibt. Aus dem Ich wird so ein anderer.

Compact bewegt sich zwar innerhalb des psychoanalytischen Schemas der bisher besprochenen Romane, aber dadurch, daß dieser Mechanismus in einer von der Reklame beherrschten Konsumgesellschaft dargestellt wird, durchbricht *Compact* den engen, rein psychoanalytischen Rahmen von *Drame* und *Personnes* und ermöglicht nicht nur formal, sondern auch inhaltlich neue Wege für den Roman, der durch die Einbeziehung der spatialen Schreibweisen der Reklametechnik[26] eine allumfassende Intertextualität verwirklichen kann. In der Tat präsentiert sich *Compact* als eine „Archäologie" der menschlichen Kultur und Zivilisation, die unter der Form eines enormen ‚Plagiats' eine unentwirrbare, polyglotte und simultane Collage bildet. Im Gegensatz zu den bisher besprochenen Romanen, wo immer wieder die Tendenz zu einer Formalisierung des Kombinationsprozesses der verschiedenen Romanelemente festgestellt werden konnte, bietet sich *Compact* als ein chaotisches Gewirr der verschiedenen intertextuellen Elemente dar. Der Grund dafür dürfte vor allem darin zu suchen sein, daß die in *Compact* beschriebene Welt ein reiner Hörraum ist, in dem die verschiedensten Elemente simultan auf den Blinden einwirken.

Noch stärker als in den bisher besprochenen Romanen steht auch in *Compact* die vergebliche Suche eines Namens im Zentrum der Problematik. Selbst die Versuche, einen Namen auszusprechen, verlaufen erfolglos. Was bleibt, ist ein „hochtönendes Gemisch, herzzerreißendes, klingendes Abweichen von verdrehten, zerschmetterten Vokalen, von zerbrochenen Konsonanten — entfesselten Diphthongen". (145) Mit den Adjektiva dieses Zitates kann auch *Compact* charakterisiert werden, wo die Auflösung des traditionellen Menschenbildes Hand in Hand geht mit der Auflösung der überlieferten Sprache und Kultur, ein Aspekt, der bei der nochmaligen Besprechung des Romans unter dem Gesichtspunkt anagrammatischer Schreibweisen noch näher erörtert werden soll.

4. Philippe Sollers: *Nombres* (1968)

Das Abrücken von rein psychoanalytischen und die Hinwendung zu gesellschaftlichen und kulturellen Fragestellungen vollzieht innerhalb der Gruppe Tel Quel der Roman *Nombres* von Sollers. In ihm soll die von Goux, Kristeva und auch Sollers immer wieder erhobene Forderung, die ‚Arbeit' des Textes aufzuzeigen, erstmals konsequent verwirklicht werden. Da die ‚Arbeit' des Textes in engem Zusammenhang mit dem Prinzip der *différance* Derridas steht,[27] kann man bereits aufgrund dieser Tatsache vermuten, daß der Roman ständig mit Problemen wie Anfang, Ursprung etc. ringt. Nahm nun dieser Problemkreis bereits in *Drame, Personnes* und auch *Compact* beträchtlichen Raum ein, dann steht er hier im Mittelpunkt des Romans und strukturiert ihn sowohl in Hinsicht auf seinen formalen Aspekt als auch auf seine Personalpronomenkonstellation.

Der erste Satz von *Nombres* scheint eine direkte Fortsetzung des Schlusses von *Drame*, verweist also auf etwas bereits Bestehendes und verneint so die Möglichkeit eines absoluten Anfangs, wobei diese Absicht noch zusätzlich durch die drei einleitenden Punkte verdeutlicht wird, die den Eindruck erwecken, der erste Abschnitt des Romans sei nur ein Ausschnitt aus einem größeren Textzusammenhang:

. . . le papier brûlait, et il était question de toutes les choses dessinées et peintes projetées là de façon régulièrement déformée, tandis qu'une phrase parlait: voici la face extérieure. Devant le regard ou plûtot comme se retirant de lui: cette page ou surface de bois brunie s'enroulant consumée. Grand espace échappant déjà aux mesures. Grand objet plaqué et défait. Traits et couleurs se retrouvant dans la cendre, et il s'agissait d'un départ qui nous laissait sans passé, on aurait pu dire: sans corps, sans défense, brisés — (11)

. . . das Papier brannte, und es handelte sich um all die gezeichneten und gemalten Dinge, die dort auf regelmäßig deformierte Weise projiziert waren, während ein Satz sprach: hier ist die äußere Seite. Vor dem Blick oder vielmehr sich vor ihm zurückziehend: diese Oberfläche aus gebräuntem Holz, die sich brennend zusammenrollt. Großer Raum, der sich bereits jenseits aller Maßstäbe befindet. Großes plattiertes und aufgelöstes Objekt. Gesichtszüge und Farben, die sich in der Asche wiederfinden, und es handelte sich um einen Anfang, der uns ohne Vergangenheit ließ, man hätte sagen können: ohne Körper, ohne Verteidigung, zerbrochen —

Formal wird diese „deformierende Projektion auf brennendem Papier", wo
es weder Vergangenheit noch Zukunft, sondern immer wiederkehrende
Zerstörungen und ‚Neuanfänge' gibt, in einer Folge von 25 Blöcken mit je
4 Sequenzen verwirklicht. Der Roman hat somit 100 Kapitel, die jeweils
vor ihrer durchlaufenden Numerierung die Sequenznummer tragen: 1./
2./3./4./ 1.5./2.6./3.7./4.8./ 1.9/2.10/3.11/ . . . 4.100. Die Sequenzen 1–3
sind dabei im Imperfekt, während 4 im Präsens geschrieben ist. Diese Anordnung wird im Roman durch folgendes Bild illustriert (20):

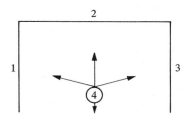

Die Sequenzen 1–3 stellen demnach die Ebene der „Wörter, Intervalle,
Artikulationen und Verkettungen" (21) dar, während die 4. Sequenz es ermöglicht, daß Wörter und Körper von 1–3 überhaupt gehört und gesehen
werden können. Die 4. Sequenz kann als „Öffnung einer Bühne", oder
auch als „deformierender Schild" und „unsichtbarer, undurchsichtiger und
unfaßbarer Schleier, der gegenüber den 3 anderen Seiten die Funktion eines
Spiegels oder Reflektors erfüllt" (22), verstanden werden. Die Besonderheit
dieses Spiegels liegt nun darin, daß er keine bestehende Wirklichkeit, sondern deren dialektischen Schaffensprozeß reflektiert. Der Leser wohnt also
keiner Projektion bei, sondern „der Erscheinung des Produktes der Oberfläche – der Dunkelkammer, die zur Oberfläche geworden ist". (22) Der
so definierte ‚Raum' besitzt keine 3 sondern nur 2 Dimensionen, denn Saal
und Bühne sind in einer einzigen Ebene – letztlich der Seite des Buches –
zusammengefaßt. Dadurch wird die Tiefe zu einem Effekt der Oberfläche.
Dieses zugleich flächige und räumliche Gebilde ist vor allem ein Produkt
der zeitlichen Strukturierung der Sequenzen: Das Imperfekt der Sequenzen 1–3 verweist auf eine unfaßbare, mythische Vergangenheit, eine Vergangenheit, die nie Gegenwart war. Dadurch entsteht jener doppelte Unter-
grund (*double fond*), der in einem „Denken lebt, das in Wirklichkeit seit
dem Anfang niemandem gehört". (16) Diese Feststellung, die den Roman
förmlich einrahmt (Sequenzen 4 und 4.100) führt zur Auflösung von Begriffen wie Anfang, Ursprung etc., denn „jeder Beginn enthüllt seinerseits
eine tiefere Schicht von Beginn". (17) Was sich auf der vierten Ebene ab-
spielt, ist nur eine vermeintliche ‚Gegenwart', denn in Wirklichkeit ist sie
nur eine Wiederholung, wo nachträglich eine Ebene ‚gespiegelt' wird, die

ihrerseits wiederum das Produkt einer Wiederholung ist etc. Derrida spricht von einer „Transformation ohne ursprüngliche Form",[28] weshalb auch die vierte Ebene nicht mit einem platonischen Bildschirm verglichen werden könne, da es keine dahinterstehende, unveränderliche Wirklichkeit gebe.[29] Es entsteht vielmehr ein ständiger Kreislauf von Elementen, die sich nur durch ihre Nachbarelemente definieren lassen, ein Gewebe von Differenzen, das ohne Zentrum und vom unfaßbaren Prinzip der *différance* regiert, sich als Doppelung seiner selbst ohne Anfang und Ende in ruheloser Bewegung befindet. Der Mechanismus dieser Doppelung ist jene den Wechsel der Sequenzen bestimmende magische Zahlenkombination 1+2+3+4 = 10, die ‚gedoppelt' $(1+2+3+4)^2 = 100$ ergibt.

Das Prinzip der Doppelung regiert nicht nur die formale Strukturierung des Romans, sondern auch seine Personalpronomenkonstellation, die ein *je* (masc.), eine *elle*, ein *vous* und ein *nous*, wo *je* von sich und *elle* spricht, umfaßt. *Je* und *elle* sind, wie bereits in der Struktur von *Personnes*, eng miteinander verflochten und beide jeweils gedoppelt: Das Gesicht der *elle* ist ständig in einem Spiegel gedoppelt, während *je* in zwei Hälften gespalten scheint:

[. . .] Rien ne pouvait résister à l'histoire ainsi déclenchée, et l'autre devenait ainsi un feu noir exerçant sa puissance sur un feu blanc, un feu visible sur un feu invisible, et les courbes et les points – voyelles, consonnes – figuraient la bouche de l'opération, l'encre sur le parchemin, le fleuve le plus bas, la source . . . [. . .] (59)

[. . .] Nichts könnte der so ausgelösten Geschichte widerstehen, und der andere würde zu einem schwarzen Feuer, das seine Macht auf ein weißes Feuer, ein sichtbares auf ein unsichtbares Feuer, ausübt, und die Krümmungen und Punkte – Vokale, Konsonanten – stellten den Mund der Operation dar, die Tinte auf dem Pergament, den untersten Strom, die Quelle . . . [. . .]

Dieses Bild verweist auf die beiden Feuer der Thora: „das weiße Feuer als in noch unsichtbaren Lettern geschriebener Text gibt sich im schwarzen Feuer der mündlichen Thora zu lesen, die darin nachträglich die Konsonanten einzeichnet und die Vokale interpunktiert."[30] Das „gedoppelte Leben eines gedoppelten Wesens" (115) findet so seinen adäquaten Ausdruck in der Doppelung der Szene der Schrift.

Doppelung auf auch der Ebene des von *je* an den Leser gerichteten *vous*, das zu einer aktiven Teilnahme am Romangeschehen zwingt, den Leser seine eigene Niederschrift erleben und erleiden läßt und ihn in die Situation des *je* manövriert, das, seinerseits von einer höheren Macht beherrscht, dem Leser sein Weltbild aufzwingt:

. . . devenant comme vous: ne sachant pas qui je suis. Mais gardant ce qui me permet de dire je, ce sursaut, ce défaut de syllabes au moment où elles sont là tout à coup . . . Je m'étais réveillé en train de parler, éclair glissé dans un tourbillon noirci de paroles, je parlais donc depuis toujours avant de me retrouver parmi vous . . . Dans le noeud sanglant de l'espace, le défaut qui m'avait expulsé et arraché du ventre de l'espace, moi et tous ceux qui pouvaient dire moi, nous tous pris dans cette numération implacable, vivants et morts, tendus, soulevés au-dessus des fleuves, du vertige froid de l'eau et des vitres, nous tous qui tournons ainsi dans la cage avec ce changement appris et nouveau, placés sans cesse dans des positions en écho, avec ces lettres qui n'approchent qu'en retombant le cri ressenti de haut . . : (26)

. . . indem ich wie ihr werde: nicht wissend wer ich bin. Bewahre dabei jedoch, was mir erlaubt ich zu sagen, dieses plötzliche Auffahren, diesen Mangel der Silben im Augenblick, wo sie plötzlich da sind. Ich war im Reden aufgewacht, in einen geschwärzten Strudel von Worten geglittener Blitz, redete ich also schon seit jeher, lange bevor ich mich unter euch befand . . . Im blutigen Knoten des Raumes, der Fehler, der mich aus dem Leib des Raumes herausgestoßen und -gerissen hatte, mich und alle diejenigen, die ich sagen konnten, wir alle, die wir in diesem unbeugsamen Numerieren gefangen waren, lebendig und tot, ausgestreckt, emporgehoben über die Flüsse, den kalten Schwindel des Wassers und der Scheiben, wie alle, die wir so im Käfig mit diesem bekannten und neuen Wechsel uns drehen, die wir unaufhörlich in Echostellung placiert sind, mit diesen Buchstaben, die dem von oben gespürten Schrei nur im Fallen näherkommen . . .

Charakteristisch für dieses Zitat ist die Sprechweise des *je*, das so redet, als ob es sich einem bereits bestehenden Weltbild des Lesers anpassen müßte, der sich seinerseits zumindest vorübergehend mit einem Weltbild identifizieren muß, das nicht sein eigenes ist, sich selbst gleichsam vorweggenommen findet und so bei der Lektüre das Gefühl einer ‚Doppelung' erlebt, hervorgerufen sowohl durch das *je*, das als *nous* in seinem Namen redet, als auch durch die beschriebene Lesesituation (Eintauchen in einen „geschwärzten Strudel von Worten"), die seiner eigenen entspricht.

Im Gegensatz zu den bisher besprochenen Romanen besteht in *Nombres* keine direkte Beziehung zwischen den verschiedenen Erzählebenen und den Personalpronomen des Romans. Die formale Generierung des Romans dient nicht mehr der Erläuterung der psychoanalytischen Probleme eines perzipierenden Bewußtseins. Tatsächlich kann auch in *Nombres* kein zentrales Bewußtsein, das in den anderen Romanen immer noch als Rest einer ‚Individualität' gedeutet werden konnte, festgestellt werden. Die Problematik des Romans hat sich vielmehr auf eine zwar allgemein menschliche, aber absolut anonyme Ebene verlagert, welche auf breitester Basis Fragen der Beziehungen zwischen der Bewußtwerdung, dem eigenen Körper und der Organisation des textlichen Raumes erläutert.

Ausgangspunkt der Problematik der *condition humaine* ist in *Nombres*, wie bereits in *Compact*, jenes schmerzliche Herausgestoßenwerden aus dem „Vergessen der Elemente", jenem ersten Einschnitt und Sprung:

[. . .] je comprenais qu'un seul meurtre était constamment en cours, que nous en venions pour y retourner à travers ce détour [i.e.: ce supplice] . . . Au loin du sommeil, lui donnant enfin son liquide et sa profondeur, il y avait donc ce geste opérant de lui-même, ce saut qui supprimait à la fois l'organe et le fond sur lequel il était inscrit, le corps dessiné et peint mais aussi le paysage et le mur . . . Là se trouvait l'entrée, là se tenait le premier changement sûr . . . [. . .] (18)

[. . .] ich verstand, daß sich ständig ein einziger Mord ereignete, daß wir von ihm herkamen, um über diesen Umweg [i.e.: diese Folter] zu ihm zurückzukehren . . . In der entferntesten Schicht des Traumes, gab es diese ihm seine Flüssigkeit und Tiefe verleihende Geste, die aus sich selbst hervorgeht, diesen Sprung, der gleichzeitig das Organ und den Grund, auf den es eingeschrieben war, unterdrückte, den gezeichne-

ten und gemalten Körper, aber auch die Landschaft und die Mauer . . . Dort befand
sich der Eingang, dort fand der erste sichere Wechsel statt [. . .]

Mit der begrifflichen Schärfe eines Derrida (Sprung als Wirkung der *différance* bei der Herausbildung des Individuums; Umweg als Aufschub des Todes) und Lacan (Wunch als Ergebnis des „Mordes" der Objektwelt durch
die Sprache) wird hier der Körper als der eigentliche Kern des Menschen
dargestellt. Aber auch der Körper ist kein in sich ruhender Pol, keine statische Wirklichkeit, sondern seinerseits wiederum dem Bereich der Sexualität unterworfen, der fast den Eindruck von etwas Ursprünglichem, Ewigem
etc. erwecken könnte:

[. . .] Le désir apparut le premier errant au-dessus de tout. Il existait déjà avant le
germe de la pensée / . . . Germes, semences en nombre innombrable et dont la somme
touche la profondeur [. . .]

[. . .] Zuerst erschien der Wunsch und irrte über allem. Er existierte bereits vor dem
Keim des Denkens / . . . Keime, Samen in unzählbarer Zahl, deren Summe die Tiefe
berührte [. . .]

Der letzte Satz nimmt dabei die von Lukrez stammenden Leitworte des
Romans auf: „Seminaque innumero numero summaque profunda." Aber
auch dieser Bereich ist im Bewußtsein des Menschen kein in sich ruhender
Ursprung, sondern unterliegt ebenfalls einer dialektischen Doppelung. Dies
einmal durch das nachträgliche Entziffern des Textes des Wunsches:

[. . .] Ce texte était donc celui de mes couilles et je sentais le sperme et le sang
venant et restant au fond, là où il n'y avait pas de fond mais la nappe aveuglante où
nous prenons forme [. . .] (49)

[. . .] Dieser Text war also derjenige meiner Hoden, und ich fühlte, wie das Sperma
und Blut im Urgrund kamen und blieben, dort wo es keinen Urgrund gibt, sondern
die blendende Fläche, wo wir Gestalt annehmen [. . .]

und zum anderen durch einen antagonistischen Kampf der Geschlechter,
der jegliche Einheit in einer unaufhörlichen Bewegung aufhebt:
„fission → fusion → fission" (80)(„Trennung → Vereinigung → Trennung").
Hier spiegelt sich auf menschlicher Ebene das antagonistische Prinzip der
gesamten Welt, deren Elemente in einem ständigen Kampf untereinander
liegen, wie dies immer wieder die den Roman durchziehenden und sich
nahtlos einfügenden Zitate illustrieren, die, unabhängig von ihrer Herkunft
aus moderner Logik, mythischen Schöpfungsberichten, westlicher und östlicher Esoterik etc.[31] jegliche Vorstellung von einem Ursprung oder festen
Zentrum zunichte machen. Was bleibt, ist „das unbewegliche Fallen der
Zahlen", deren Doppelung die Struktur des Romans bestimmt.

Das zentrale Anliegen von *Nombres* ist somit nicht mehr eine phänomenologische Fragestellung, sondern der Entwurf eines materialistischen Modells zur Erzeugung von Sprache und zur Organisation eines Textes, in welchem einzig und allein die ‚Arbeit' der Sprache erläutert werden soll.[32] Für
das individuelle Bewußtsein offenbart sich die ‚Arbeit' der Sprache auf der
Ebene der Sexualität, der Textuierung des Menschen durch den Wunsch;

für die gesellschaftliche Wirklichkeit hingegen bei der Entstehung von Ideologien. Die revolutionäre Zielsetzung des Romans besteht nun in der Zerstörung des bisherigen, die Arbeit der Sprache ständig unterdrückenden abendländischen Idealismus durch eine Konfrontation mit materialistischen Denksystemen, vornehmlich östlicher Prägung. Zwar deklariert Sollers eine gegenseitige Durchdringung und daraus resultierende Veränderung der beiden Welten, verherrlicht dabei jedoch einseitig den Osten und hierbei speziell die chinesische Revolution (Sequenzen 3.23 und 4.64). *Nombres* soll so zu einem Roman des Klassenkampfes werden, zu einer Attacke gegen die etablierte bürgerliche Welt, deren Universum von der Warte des Materialismus ideologiekritisch hinterfragt und dann zerstört werden soll:

... il fallait donc repasser par tous les points du circuit, par son réseau à la fois caché et visible et tenter de rallummer simultanément sa mémoire comme celle d'un agonisant parvenu au moment tournant ... Prenant une tête au commencement et la confrontant avec ce qui l'a façonné, et lui permettant un moment de dire ce qu'elle rêve ou pense en se servant de son propre temps la mettre ainsi en état de comprendre le tissu où elle prend son sang, une tête ouverte, donc, comme tous les livres sont désormais par terre et brûlants ... Puis, déséquilibrant le système, commencer à montrer ce qui l'a fait respirer, la multitude dont elle est sortie, ce qui l'oblige à se heurter à une autre tête, à se battre par rapport au rythme qui l'envahit ... [...] Puis l'amener à saisir l'inscription des temps et des forces, la génération des formulations et des négations, le vide et son inaction, l'énorme et pourtant minuscule pièce en jeu avec ses figures et ses citations prenant la place de toute une époque ou de tout un peuple en train de se souvenir, de tracer enfin l'avenir ... [...] (108/9)

... es war notwendig, noch einmal alle Punkte des Kreislaufs, sein zugleich verstecktes und sichtbares Netz durchzugehen und zu versuchen, sein Gedächtnis noch einmal in einem simultanten Vorgang zu entfachen, so wie das eines Sterbenden, der am Wendepunkt angelangt ist ... Indem man einen Kopf am Beginn nimmt und ihn mit dem konfrontiert, was ihn geformt hat, und ihm so einen Augenblick lang erlaubt, das zu sagen, was er träumt oder denkt, indem er sich seiner eigenen Zeit bedient, ihn so in die Lage versetzen, das Gewebe, wo er sein Blut hernimmt, zu verstehen, ein offener Kopf also, da alle die Bücher von nun an auf der Erde liegen und brennend ... Dann, indem man das System aus dem Gleichgewicht bringt, anfangen zu zeigen, was ihn atmen läßt, die Menge, aus der er hervorgegangen ist, was ihn dazu zwingt, sich an einem anderen Kopf zu stoßen, sich im Verhältnis zum Rhythmus, der ihn erfaßt, zu schlagen ... [...] Ihn dann dazu bringen, die Inschrift der Zeiten und Kräfte, die Erzeugung der Formulierungen und Verneinungen, die Leere und ihre Untätigkeit, das riesige und trotzdem winzige Stück zu erfassen, mit seinen Figuren und Zitaten, die den Platz einer ganzen Epoche und eines ganzen Volkes einnehmen, das dabei ist, sich zu erinnern und endlich die Zukunft zu entwerfen ... [...]

Nun ist jedoch das im obigen Zitat geforderte Projekt, den Konditionierungsprozeß des menschlichen Geistes aufzuzeigen, absolut nicht verwirklicht und bleibt eine reine Forderung, die aber wohl in *Drame, Personnes* und *Compact* verwirklicht ist. Spätestens an diesem Punkt stellt sich die Frage, wie nun eigentlich das Funktionieren der ‚Arbeit' der Sprache im Sinne einer Produktivität in *Nombres* zum Ausdruck kommt, impliziert doch der thesenartige Charakter ein neues Engagement, eine neue Idee a priori, die von der Sprache nur ausgedrückt wird. Damit wäre *Nombres* aber

wieder ein repräsentativer, mimetischer Text. Daran ändert die glänzend
verwirklichte Intertextualität ebensowenig wie die zur Illustration von Tie-
fen- und Oberflächenstruktur gedachte Raumprojektion, da der Roman den
Charakter einer Propagandaschrift mit eindeutiger ideologischer Festlegung
hat. Dabei bestünde ein Aufzeigen der ‚Arbeit' der Sprache aber gerade im
Aufzeigen ihrer Rolle bei der Herausbildung von Ideologien und nicht in
der Konfrontation einer bestehenden Ideologie mit einer anderen. Die bisher besprochenen psychoanalytischen Romane verwirklichen wenigstens
durch das Aufzeigen der Rolle der Sprache bei der Bildung des menschlichen Bewußtseins in einer Hinsicht die Forderungen Kristevas; *Nombres*,
das vorgibt, den Generierungsprozeß von Ideologie etc. zu erhellen, bleibt
weit hinter diesem Anspruch zurück. Der Grund dafür dürfte in der traditionellen, propagandistischen Sprache liegen, die mit der später in *Lois* verwirklichten anagrammatischen Schreibweise und der mit ihr verbundenen
Desartikulierung bestehender Ideologien noch nichts gemein hat.

5. Jean-Louis Baudry: *La „Création"* (1970)

Dieser Roman vereint noch einmal alle bisher angeklungenen Themen —
Probleme des Bewußtwerdungsprozesses durch Verbalisierung, das Fehlen
eines Ursprungs im ständig fluktuierenden System von Wiederholungen,
Fragen eines revolutionären Bewußtseins etc. — stellt sie aber zugleich in
einen vollkommen neuen Rahmen, der das Verhältnis Mensch-Bewußtsein-
Welt zu definieren und den sich in diesem Rahmen abspielenden historischen Wandel zu erklären sucht. Dabei gelingt es Baudry, die Gefahr einer
rein propagandistischen Literatur, der *Nombres* erlegen ist, durch ein Be-
zugssystem zu vermeiden, das die ‚Arbeit' der Sprache und ihrer revolutionären Möglichkeiten innerhalb einer Geschichtskonzeption entwickelt, welche dialektischen Materialismus, psychoanalytischen Antihumanismus und
das statische Geschichtsbild eines Foucault miteinander verbindet. Es wird
so die Dimension der geschichtlichen Reflexion eingeführt, die in früheren
Romanen höchstens rein zufällig angeklungen ist (*Nombres*) oder aber ganz
fehlte (*Drame, Personnes*).
   Die psychoanalytische Problemstellung von *La „Création"* entspricht
derjenigen von *Personnes* und präsentiert in ähnlich surrealen Bildern, deren Deutung in noch stärkerem Maße eine exakte Kenntnis des psychoanalytischen Schrifttums erfordert, Aspekte der Strukturierung des Ich durch
die Sprache sowie dessen Konditionierung durch die Trennung von der
Dingwelt, die nach Lacan die Entstehung des ‚Individuums' überhaupt erst
ermöglicht. Stand nun die Suche des verlorenen Namens und damit das
Ziel der Individualisierung im Zentrum der bisherigen Romane, dann wird
diese Zielsetzung in *La „Création"* geradezu in ihr Gegenteil verkehrt, indem eine bewußte Zerstörung der engen Grenzen des Ich angestrebt wird,

um dadurch zu einer Überwindung der Trennung des einzelnen von der Dingwelt und dem Mitmenschen in einem „neuen Personalpronomen" zu gelangen. Es handelt sich dabei um ein „verlorenes Wir" (Sequenz 3.1.3.5, p. 125), das noch aus der Zeit vor der Individualisierung durch den Namen stammt (Sequenz 3.1.2.4, p. 120). Zwar ist dieses neue Personalpronomen bisher noch unaussprechbar, also eine Zukunftsvision (Sequenz 4.1.3.4, p. 174), weist aber doch in Richtung einer neuen Harmonie des Menschen mit den Elementen. Diese Auflösung des Ich wird immer wieder im Bild des zerstückelten und zerstörten Körpers symbolisiert, wodurch die Voraussetzung der neuen Einheit im Wir geschaffen wird:

[. . .] et je le [i.e.: mon corps] voyais brusquement frappé par la foudre, et à la fois il brûlait [. . .] et je n'étais bientôt plus que cendre, matière légère, déposé là et emporté . . . J'étais alors confronté à une nouvelle facon de parler, de s'oublier, de vivre, élargissement d'un ensemble sans limite, „nous'.' énigmatique qui de la sorte pouvait se prononcer: mon corps se dispersa, et mes os et ma chair devinrent parails à l'eau. Je n'avais plus la sensation du sol sur lequel je m'appuyais. Au gré du vent, j'allais à l'est, à l'ouest, comme une feuille, une tige desséchée tant qu'à la fin je ne savais plus si c'était le vent qui me portait ou moi qui portais le vent. (193/4)

[. . .] und ich sah, wie er [i.e.: mein Körper] plötzlich vom Blitz getroffen wurde und sofort brannte [. . .] und ich war bald darauf nur noch Asche, leichte Materie, dort abgelagert und weggetragen . . . Ich stand nun einer neuen Art zu sprechen, sich zu vergessen, zu leben gegenüber, Ausdehnung einer Menge ohne Grenze, rätselhaftes Wir, das folgendermaßen ausgedrückt werden konnte: mein Körper zerstob, und meine Knochen und mein Fleisch wurden wie das Wasser. Ich fühlte nicht mehr den Boden, auf welchem ich stand. Mit dem Wind ging ich nach Osten, nach Westen, wie ein Blatt, ein ausgetrockneter Stiel, bis ich am Ende nicht mehr wußte, ob es der Wind war, der mich trug, oder ich, der den Wind trug.

In der so erreichten Einheit wird der Unterschied zwischen Subjekt- und Objektwelt auf der Ebene kabbalistischer Korrespondenzen zwischen Mikro- und Makrokosmos aufgehoben. Der Mensch als Individuum löst sich in einem organischen Kreislauf auf, der älter ist als seine Geburt, nämlich dem des Jahres als der „organischen Säule, die im Rhythmus der Jahreszeiten schlägt". (185) Von hier aus wird nun nicht nur der vollständige Titel des Romans: *La „Création" premier état: l'année* verständlich, sondern auch seine formale Gliederung in 4 Hauptsequenzen (die 4 Jahreszeiten), von denen jede in 3 Gruppen (3 Monate) unterteilt ist, wobei sich jeder Monat in 4 Untergruppen (die Wochen) und diese wiederum in 7 Abschnitte (die Tage) untergliedert. Jede der so entstehenden Sequenzen wird in einem vierstelligen Dezimalsystem gezählt. Dabei ist jedem Wochentag ein Titel zugeordnet, der programmatisch die einzelnen Sequenzen bestimmt. Hier als Beispiel die Titel der Tage des ersten Monats der ersten Jahreszeit:1. *lecture*, 2. *contour*, 3. *lumière*, 4. *chaos*, 5. *division*, 6. *terre*, 7. *ciel*. Die Themenkreise der so entstehenden Sequenzen 1.1.1.1 — 7; 1.1.2.1 — 7; 1.1.3.1 — 7; 1.1.4.1 — 7 sind immer durch den Tageswert (4. Stellenzahl) bestimmt. Der Themenkreis *lecture* bestimmt also 1.1.1.1 / 1.2.1.1 / 1.3.1.1 / 1.1.4.1, *contour* 1.1.1.2 / 1.1.2.2 / 1.1.3.2 /1.1.4.2 etc. Inhaltlich behandelt dabei

die erste Woche, als Illustration einer materialistischen Konzeption der
Schöpfung, die durch mythische Kosmogonien versinnbildlicht wird, die
Entstehung der Welt sowie die Organisationsprinzipien ihrer Elemente. Das
oberste Gesetz, das hierbei regiert, ist, wie bereits in *Nombres*, das des
double fond ohne Zentrum, Anfang und Ende. Die Ebenen der restlichen
drei Wochen sind hingegen menschlichen Problemen vorbehalten, die jedoch
immer wieder in Beziehung zu der kosmogonischen Ebene der ersten Woche gesetzt werden. Die zweite Woche wird von einem anonymen Sprecher
beherrscht, der unter der Form eines *tu* das Schicksal eines *il* voraussagt.
In der Form *vous* ist dabei stellenweise auch eine *elle*, die komplementär
zum *il* hinzugehört, mit eingeschlossen. Dieses *il* spricht in der zweiten und
dritten Woche als *je*, das sich gegen Ende des Romans immer mehr als der
prophetische Erzähler des Romans entpuppt. *Elle* spricht nie direkt, sondern wird von *je* unter der Form *tu* oder, sich selbst mit einschließend, als
nous evoziert. Gleichzeitig taucht in diesen Sequenzen ein *vous* auf, das
eindeutig an den Leser gerichtet ist. Die Personalpronomenstruktur von
La „Création" hat nichts mehr mit derjenigen von *Drame, Personnes* und
Compact gemein, da die Personalpronomen nicht mehr der Schaffung eines
Ich dienen, sondern eine anonyme, allgemeinmenschliche Problematik ver-
sinnbildlichen. Gleichzeitig treten ein auktorialer Erzähler und der Leser
in den Vordergrund des Romans, der Anspruch auf eine umfassende, kos-
mische Dimensionen erreichende Allgemeingültigkeit erhebt.

In der Tat will der Roman ein komplettes Modell einer materialistischen,
kosmologischen Anthropologie bieten. Der erste Schritt hierzu besteht in
einer Bestandsaufnahme der verschiedenen bisher entwickelten Theorien,
die gemäß dem Prinzip der Intertextualität den Roman durchziehen und in
ihrer Reihung einen inkohärenten Text bilden. Sinn dieser Bestandsaufnahme ist die Illustration eines Geschichtsmodells, das den historischen Wandel
nicht kausal als zielgerichtete Bewegung, sondern als eine organische Aufeinanderfolge der Generationen deutet:

[. . .] Selon les conceptions occidentales, la transformation serait le lieu où règne la
causalité mécanique. Pour l'Orient, la transformation est une succession de générations,
donc toujours quelque chose d'organique   et pendant ce temps, d'autres, et nous-
mêmes par conséquent, s'efforcent de rassembler les restes du récit passé de faire agir si-
multanemént le plus grand nombre possible de fragments, afin de montrer par l'action
des intervalles, des blancs, des coupures, l'opération en train de se faire et de nous
transformer [. . .] (217)

[. . .] Gemäß den abendländischen Auffassungen ist der Wandel der Ort, wo die me-
chanische Kausalität herrscht. Für den Orient ist der Wandel eine Aufeinanderfolge
von Generationen, also immer etwas Organisches   und während dieser Zeit werden
sich andere, und folglich wir selbst, anstrengen, die Überreste des vergangenen Berichts zu
sammeln, die größtmögliche Anzahl von Fragmenten gleichzeitig in Bewegung zu
setzen, um so durch das Wirken der Intervalle, der weißen Zwischenräume, der Einschnitte, den Prozeß, der eben abläuft, aufzuzeigen und uns zu verändern [. . .]

Die inhaltliche und formale (weiße Zwischenräume zwischen den Sätzen)
Diskontinuität des Romans verfolgt somit als Ziel die Illustration des orga-

nischen Prozesses der geschichtlichen Veränderungen. Der Rückgriff auf
Mythen, Kabbala und Naturphilosophie schafft hierbei, ähnlich wie in
Nombres, eine ‚Ahnengalerie' für ein Geschichtsdenken, das sich am besten
durch den „Mythos der ewigen Wiederkehr" (Eliade) kennzeichnen läßt.
Gemäß dieser Vorstellung gibt es zwar einen historischen Wandel, dieser beinhaltet jedoch immer nur die gleichen Elemente und ist daher „die gleiche
Materie in verschiedenem Zusammenhang". (147) Die fundamentale Frage,
die sich hierbei stellt, ist die nach den Gesetzmäßigkeiten dieses Wandels
und nach der Rolle, die der Mensch dabei spielt. Baudrys Antwort ist zweideutig: So vollziehen sich die geschichtlichen Veränderungen abrupt, außerhalb des Bereiches von Kausalität und Logik und laden den Menschen ein,
sich von einem Tag zum anderen, wie auf „einer bereits durchlaufenen
Straße" (191), im immer gleichen Rhythmus der Jahreszeiten leiten zu lassen. Eng damit verbunden ist eine fatalistische Auffassung, die im dualisti-
schen Kräftespiel zwischen Idealismus und Materialismus, augenblicklich
sich die Waage zugunsten des Materialismus neigen sieht, ein Gedanke, der
bereits *Nombres* beherrscht, wo China als das Unbewußte Europas dargestellt wird und nun langsam an Macht gewinnt. Dieser passiven Rolle diametral entgegengesetzt ist der Glaube an die Lenkung der Geschichte durch
den Menschen, ein Gedanke, der im Roman nur ganz leise und letztlich nur
im Rahmen der Ideologiekritik durch die Literatur angesprochen wird. Den
ersten Schritt in diese Richtung vollzieht der Dichter selbst, wenn er seinem
Gefühl, in der Zeit eines Umschwungs zu leben, Ausdruck verleiht. Er ist
dabei ein *simple relais* (76), eine Art Seismograph, der geringste Erschütte-
rungen registriert, während die Mehrzahl der Menschen sich der gerade stattfin-
denden Veränderung nicht bewußt wird. Daher bestehe die Aufgabe der Literatur zuerst in der Erhellung des Determinationsprozesses, der unser Denken beeinflußt (107), um dann neue Ideen formulieren zu können. Die sich
so vollziehende Revolution des Denkens wird eine Revolution der Sprache
sein:

[. . .] nous formerons les parties actives d'un ensemble évoqué par l'emploi d'un
nouveau pronom pour nous encore imprononçable. De la même façon le peu de lettres
dont nous nous servons pour composer les mots se rangeront dans un ordre jusqu'à présent
inconnu, se réuniront pour produire un mot encore impossible à dire. Nous savons
pourtant qu'un tel mot, que d'autres mots nouveaux sont en ce moment même en
train de naître, ébranlant la totalité de la langue qui nous a jusqu'à maintenant pen-
sés. (174)

Wir werden die aktiven Teile einer Menge, die durch den Gebrauch eines für uns noch
unaussprechlichen neuen Pronomens heraufbeschworen wird. Ebenso werden die we-
nigen Buchstaben, deren wir uns bedienen um die Wörter zu bilden, sich vereinen, um
ein Wort, das noch unsagbar ist, zu erzeugen. Wir wissen jedoch, daß ein solches Wort,
daß andere neue Wörter in diesem Augenblick geboren werden, um die Gesamtheit
der Sprache, die uns bis jetzt gedacht hat, zu erschüttern.

Konkrete Aussagen über die neue Gesellschafts- und Kulturform können
noch nicht gemacht werden, und der Dichter weiß nur, daß am ‚Ende' der
Entwicklung die Auflösung unseres traditionellen Menschenbildes in der

Form des unpersönlichen *on* steht. (109) Aber dieser Zustand wird sicherlich kein Endzustand sein oder bleiben. Was auf ihn folgt, ist ungewiß, theoretisch müßte aber jederzeit eine neue und sogar gegenteilige Entwicklung möglich sein. Gewiß ist nur die endlose Wiederkehr der Jahreszeiten, die jedes Element einem ständigen Wechsel unterwerfen und dabei auf den Menschen kaum Rücksicht nehmen. Diese Auffassung wird auf der letzten Seite des Romans — diese ‚letzte' Seite verweist aber wieder auf den ‚Anfang', womit sich der endlose Zyklus schließt — noch einmal in der für den Roman typischen Sprach- und Stilebene der mythischen Schöpfungsberichte zum Ausdruck gebracht:

4.3.4.6.
Il transforma son corps. Son œil gauche: soleil, son œil droit: lune; sa barbe: planetes; ses os: dragons; les intestins: serpents; ses doigts: montagnes; les poils: arbres et herbes; son cœur: les constellations   et nous verrons nos noms se décomposer, chaque élément qui les formait se mêlant, s'associant, inséparables du mouvement portant le ciel et la terre   le mouvement est le mode d'existence de la matiére   et voulant ce renversement   or une telle transformation ne peut s'opérer que par un mouvement pratique, une révolution

et reprenant le parcours ancien une fois encore avant le dernier jour: en effet, je voyais distinctement à l'intérieur du volume transparent dans lequel j'étais moi-même enfermé un trajet déterminé et lent et j'avais bien devant les yeux le tracé de feu qui finissait par les brûler   et j'avançais dans une étendue de plus en plus silencieuse; et le mouvement des corps, une fois ôté le bruit qui les accompagnait, apparaissant exactement calculé et c'était mon propre corps que je voyais maintenant s'enfoncer dans les masses qui se levaient, déchiré, morcelé, dispersé par les jours, les mois, les saisons, l'année

4.3.4.7.
car l'année, c'est la mort; c'est l'année qui détruit par le moyen du jour et de la nuit   c'est ainsi que les mondes continuent, c'est là la seconde naissance membre parmi d'autres membres lancés dans le jour, dans la nuit, ainsi proposés (220)

4.3.4.6.
Er verwandelte seinen Körper. Sein linkes Auge: Sonne, sein rechtes Auge: Mond; sein Bart: Planeten; seine Knochen: Drachen; die Eingeweide: Schlangen; seine Finger: Berge; die Haare: Bäume und Gräser; sein Herz: die Konstellationen   und wir werden sehen, wie, untrennbar von der Bewegung, die Himmel und Erde trägt, unsere Namen sich auflösen, wobei jedes Element, das sie formte, sich vermischte, sich verband   die Bewegung ist die Seinsweise der Materie   und wenn man diesen Umschwung will, dann kann sich eine solche Änderung nur durch eine praktische Bewegung, eine Revolution vollziehen

und indem ich den alten Weg noch einmal vor dem letzten Tag einschlug, sah ich tatsächlich im Inneren des durchsichtigen Volumens, in dem ich selbst eingeschlossen war, deutlich einen vorbestimmten und langsamen Weg, und vor den Augen hatte ich die Feuerspur, die [i.e.: die Augen] schließlich verbrannte   und ich schritt in einer Ebene vorwärts, die immer stiller wurde; und ohne das sie begleitende Geräusch schien die Bewegung der Körper vollständig berechnet, und in den sich hebenden Massen sah ich meinen eigenen Körper versinken, zerrissen, zerstückelt, zerstoben durch die Tage, die Monate, die Jahreszeiten, das Jahr

4.3.4.7
denn das Jahr, das ist der Tod; es ist das Jahr, das mit Hilfe von Tag und Nacht zer-

stört   auf diese Weise schreiten die Welten fort, dort ist die zweite Geburt
Glied zwischen anderen Gliedern, in den Tag, in die Nacht geworfen, so vorgeschlagen

Auch diese abschließenden Sequenzen des Romans lassen das Problem des
Verhältnisses der Revolution zum im Zyklus der ewigen Wiederkehr vorge-
schriebenen organischen Werden in der Schwebe und scheinen eher hin zu
einer fatalistischen Auffassung zu tendieren, wonach die in der Tiefe wir-
kenden Grundstrukturen (Gesetz des Widerspruchs als *double fond* und
das der zyklischen Wiederkehr) jegliche Neuerung determinieren und bereits als Wiederholung relativieren. Vor diesem Hintergrund verlieren dann
auch Begriffe wie „modern" oder „Gegenwart" ihre Daseinsberechtigung
und erscheinen als ein „Irrtum". (208) Als Folgeerscheinung wird die Gegenwart so entweder unter dem Aspekt des schon einmal Dagewesenen ihrer
Authentizität und Besonderheit oder unter dem des ewigen Werdens und
Vergehens ihrer Brisanz und Aufforderung zum Engagement beraubt, da
sich im ewigen Kreislauf der Elemente sowieso bald eine andere Konstellation ergeben wird. Über die Haupttendenz der sich heute abzeichnenden
neuen Konstellation stimmt Baudry mit Foucault überein: das individuelle
Ich macht dem kollektiven Man und Wir Platz. Durch die Einbeziehung der
Gesetze des Widerspruchs und des organischen Werdens kann Baudry, im
Gegensatz zu Foucault, zwar eine Erklärung für die sich plötzlich vollziehen-
den Sprünge der Geschichte geben, betrachtet den Menschen jedoch unter
dem gleichen negativen Aspekt wie Foucault, für den der Mensch eine Er-
findung der letzten 200 Jahre ist, die bereits in voller Auflösung begriffen
ist. Den Menschen dieser neuen Ära definiert Baudry als ein wahrhaft kollek-
tives Wesen, das nicht nur im Hinblick auf die anderen, sondern auch auf
das „Andere", wie Lacan die Dingwelt bezeichnet, eine neue Einheit findet.
Oberste Voraussetzung hierfür ist im Sinne der Psychoanalyse die Aufhebung der schwerwiegendsten Trennung, die von der Mutter. Deshalb heißt
es auch in Baudrys Roman: „La puissance ira à celui qui le premier em-
brassera sa mère" (218), „die Macht wird demjenigen gehören, der als erster
seine Mutter umarmen wird". Diese bewußte Zerstörung von Tabus, die
wir noch bei der Beschäftigung mit *Lois* von Sollers besprechen werden,
führt zu einem Menschentypus, der, jenseits von Gut und Böse, ohne jegliche Sublimierung und offensichtlich frei von sozialen Zwängen leben
könnte. Es handelt sich hierbei jedoch nicht um eine Art ,Übermensch',
sondern um eine kollektive Individualität, die im Roman nicht näher definiert wird. In welcher Richtung sich die Geschichte der Menschheit danach
weiterentwickeln wird, bleibt ebenfalls offen, wobei das Auftauchen des
Begriffes „Macht" im obigen Zitat nicht nur mit der kollektiven Individualität unvereinbar scheint, sondern auch die Möglichkeit einer ,Wiederholung'
der bisherigen abendländischen Geschichte in sich bergen könnte.
    La „Création" steht somit am Ende einer Entwicklung, die durch eine
zunehmende Auflösung des traditionellen Menschenbildes gekennzeichnet
wird. So standen im Mittelpunkt von *Drame, Compact* und *Personnes* im-

mer noch Probleme des Bewußtwerdungsprozesses und der damit verbundenen Fragen nach Rolle und Möglichkeiten der Sprache, wobei das Streben der Romanfiguren auf das Auffinden ihrer Identität gerichtet war. Durch die Erfolglosigkeit dieses Strebens wurde der Begriff eines Ich zwar langsam ausgehöhlt, dominierte aber, wenn auch als ‚negatives' Zentrum, immer noch die Problematik der Romane. In *Nombres* und besonders in *La „Création"* dürften hingegen Wörter wie Ich oder Individuum nur noch mit kreuzweiser Durchstreichung geschrieben werden. Was bisher als ein Ziel galt, wird jetzt auf dem Weg zu einer neuen Kollektivität als ein Hindernis empfunden. Die Autoren sind sich hierbei der historischen Tragweite ihres Unternehmens vollauf bewußt, und Baudry spricht, in Anspielung auf die Kopernikanische Wende, vom Übergang des Kreises zur Ellipse, wodurch das, was bisher Zentrum war, gedoppelt und somit aufgelöst wird. (202)

Parallel dazu versucht Baudry als erster, die bisher rein psychoanalytische Problemstellung in einem höheren Gesamtzusammenhang geschichtlicher, anthropologischer und philosophischer Art zu integrieren. Hierbei dient als philosophische Grundlage ein auf dem Prinzip des Widerspruchs aufbauender Materialismus, als anthropologische Grundlage der Antihumanismus der Psychoanalyse Lacans und der Marxinterpretation Althussers sowie als geschichtliche Grundlage die Auffassung Foucaults von einer Geschichte der abrupten Brüche und Verschiebungen, die mit einem zyklischen Denken gekoppelt wird. Unklar in dieser widersprüchlichen Kombination bleibt die Rolle des menschlichen Bewußtseins als Triebkraft geschichtlicher Veränderungen, unklar auch die Rolle der Sprache als ‚Produktivität'. So wird zwar die Sprache als der augenblicklich sichtbarste Bereich des sich anbahnenden Wandels angesehen, aber auch Baudry kann diese neue Sprache noch nicht sprechen, da er sie noch nicht kennt. Von dichterischer Sprache als ‚Produktivität', als Ausschöpfen aller Kombinationsmöglichkeiten und als Dekonstruktion der bestehenden Sprache kann noch keine Rede sein. Im Modell Baudrys hat der Mensch weder die Chance, die Geschichte zu lenken, noch kann er die Form der Sprache beeinflussen. Der Literatur fällt in diesem Zusammenhang die Aufgabe zu, den Leser auf diese neuen Strukturen, die sich am geschichtlichen Horizont abzeichnen, vorzubereiten und seinen Blick dafür zu schärfen. Literatur ist somit nicht mehr als ein Seismograph, der unabhängig von ihm verlaufende Veränderungen anzeigt, diese jedoch nicht selbst bewirken oder beeinflussen kann.

II. Spatiale und anagrammatische Schreibweisen

1. Theoretische Modelle

Nicht nur *La „Création"*, sondern auch *Nombres* ist von der seit 1967 von Kristeva formulierten ‚paragrammatischen' Schreibweise noch sehr weit entfernt. Verwirklichten Romane wie *Drame* und *Personnes* bereits vorher am Beispiel der Illustration psychoanalytischer Fragestellungen das Prinzip einer inhaltlich orientierten Intertextualität, um den Bewußtwerdungsprozeß als Lektüre der Schrift des Wunsches aufzuzeigen, macht dieser Aspekt in *La „Création"* und *Nombres* Überlegungen über die Rolle der Literatur im historischen Selbstverständnis der Leser Platz. *Nombres* fällt hierbei in einen rein propagandistischen Stil zurück, während *La „Création"* eine gemäßigtere und damit auch bescheidenere Position einnimmt. Beide Romane sind jedoch von den theoretischen Forderungen Kristevas gleich weit entfernt, da sich ihre aktivistische Auffassung der dichterischen Sprache als einer bewußtseinserweiternden Produktivität weder mit der rein kommunikativen Sprache von Sollers noch mit der passiven Weltanschauung von Baudry vereinbaren läßt. Darüber hinaus dient in beiden Romanen die Sprache als ein einfaches Instrument der Übermittlung eines a priori bestehenden Sinns und bildet den schärfsten Widerspruch zu Kristevas para- oder anagrammatischen Schreibweisen.

Der einzige Roman, der bisher innerhalb der Gruppe Tel Quel als anagrammatischer Text angesehen werden kann, ist der Roman *Lois* von Sollers. Die Verwirklichung der theoretischen Forderungen Kristevas hat somit fünf Jahre gedauert. Hinzu kommt, daß *Lois* keine absolute Neuerung darstellt, da bereits 1966 — zu einer Zeit also, in der die Theorie Kristevas überhaupt noch nicht existierte — *Compact* von Roche wesentliche Aspekte vorweggenommen hat. Der zweite Roman Roches, *Circus* (1972), der einige Monate vor *Lois* erschien, führt konsequent den in *Compact* eingeschlagenen Weg weiter und verwirklicht in mancher Hinsicht die Theorien Kristevas besser als *Lois*, da die Technik Roches nicht nur einseitig auf anagrammatische Schreibweisen beschränkt bleibt, sondern auch spatiale, visuelle und konkrete Schreibweisen verwendet, wo die von Kristeva geforderte netzartige Struktur der dichterischen Sprache eine eigene Verwirklichung erfährt. Es soll hier noch einmal betont werden, daß Roche seine Schreibweisen unabhängig von der Theorienbildung in Tel Quel entwickelt hat. Durch eine Konfrontation der Theorien Kristevas mit denen der konkreten und spatialen Dichtung erhoffen wir uns in der Folge eine gegenseitige Erhellung sowie eine brauchbare Formel für das Verständnis der obenerwähnten Romane.

Kristevas Definition der dichterischen Sprache basiert auf den in den *Anagrammes*[33] von Saussure enthaltenen Überlegungen, denen sie mit Hilfe der Mengenlehre ein für Saussure noch nicht mögliches wissenschaftliches Fundament geben kann. Das Funktionieren einer anagrammatischen Literatur wird von Kristeva auf den Ebenen der Schreib- und Leseweise untersucht. Bei der Schreibweise werden dabei eine phonetische (1), eine semantische (2) und eine syntagmatische (3) Ebene, bei der Leseweise eine Ebene der fremden Texte als Reminiszenz (4) oder als Zitat (5) unterschieden.

ad 1:

Da sich, wie es Kristeva aufgrund mathematischer Distributionsgesetze nach-
zuweisen sucht,[34] die poetische Sprache dadurch auszeichne, daß jede ihrer
kleinsten Untereinheiten die gleiche Funktion wie die größeren Einheiten
erfülle, wodurch das Schwergewicht der poetischen Botschaft auf diesen
kleinsten Einheiten liege, bedeute dies in phonetischer Hinsicht, daß man
die den Text strukturierenden Leitwörter in jeder dieser kleinsten Einheiten wiederfinden könne. Wie bei Saussure bleibt auch hier die Frage ungeklärt, ob dies ein aus der Natur der dichterischen Sprache resultierender Tatbestand ist oder ob es sich um einen bewußten Schaffensvorgang handelt.
Ebenso ungeklärt bleibt auch die Methode, mit welcher eventuelle Anagramme im vorliegenden Text erkannt werden können, ohne daß dabei der
persönlichen Willkür freier Lauf gelassen würde. So kann man sich auch bei
Kristevas Illustration des anagrammatischen Aufbaues eines Textes von
Lautréamont nicht des Eindrucks einer willkürlichen Bestimmung des Leit-
worts erwehren:

Il y a des heures dans la vie où l'homme à la *chevelure pouilleuse*, jette *l'oeil fixe*, des
regards fauves sur les *membranes vertes de l'espace;* car, il lui semble entendre devant
lui, les *ironiques huées d'un fantôme.* Il chancelle, il courbe la tête: ce qu'il a entendu,
c'est la voix de la conscience. (62)

Demnach weisen die phonetischen und graphischen Elemente des Textes
die Korrespondenzen von f (v) − al (oe) − s (z) auf, woraus Kristeva auf
„Phallus" als das den Text strukturierende Leitwort schließt.

Was Saussure noch mit äußerster Vorsicht formulierte, ohne dabei eine
definitive Antwort auf die sich stellenden Fragen zu geben, wird bei Kristeva zu einem Postulat ihrer Definition der poetischen Sprache. Durch die
Existenz von Wörtern unter den Wörtern soll so die Trennung zwischen
signifiant und *signifié* aufgehoben und aus dem linguistischen Zeichen ein
„Dynamismus" werden, der als „quantische Ladung" funktioniert. (63)
Der Einfluß dieser Thesen auf die Schreibpraxis manifestiert sich etwa in
Lois in den Versuchen, durch Wortfelder und neue Wortkombinationen,
die rein von klanglichen Kriterien bestimmt werden, gewisse Vorstellungen
beim Leser zu evozieren. Der Text wird auf diese Weise vieldeutig, sein Organisationsprinzip netzartig und nicht mehr linear.

ad 2 und 3:

Aus der Analyse der semantischen Ebene des obenzitierten Textes von
Lautréamont leitet Kristeva eine allgemeine Formel ab, wonach die Elemente der poetischen Sprache aus sich radikal ausschließenden Gegensatzpaaren bestehen. Diese sind nun aber keine ingeniösen Concettos, die ja letztlich doch eine Auflösung erfahren können, sondern Ausdruck einer spezifischen und unauflöslichen Widersprüchlichkeit der poetischen Sprache, die,
als Koexistenz von Oppositionen, „einen Beweis für die Folgerung 0 ≠ 0
liefert". (64) Eine Übertragung dieser Feststellung auf die syntagmatische

Ebene führt Kristeva zur Definition des „Gesetzes der leeren Mengen",
wonach sowohl die kleinsten syntagmatischen Einheiten als auch Sätze und
Kapitel ohne irgendeine logische oder kausale Verknüpfung aneinandergereiht sind. Es muß an dieser Stelle betont werden, daß die obige Gesetz-
mäßigkeit ausschließlich am Modell der literarischen Sprache Lautréamonts
orientiert ist und eine Übertragung auf andere, traditionellere dichterische
Sprachen nicht möglich ist. Auch hier liegt die Wichtigkeit der Thesen Kristevas auf deren normativem Charakter im Hinblick auf die in *Lois* zur Anwendung gelangte Schreibpraxis, die zur Erstellung eines alogischen und
akausalen Textes mit dadaistischem Einschlag führt.

ad 4 und 5:
Die Ebene der Lektüre entspricht derjenigen der Intertextualität und kann
den fremden Text als Reminiszenz oder als Zitat verarbeiten. In beiden
Fällen wird dieser jedoch durch eine Zerstörung seines sprachlichen Kodes
„desartikuliert" und soll so, nach Auflösung des in ihm erstarrten Sinns,
durch eine Synthese mit anderem Gedankengut eine neue Einheit bilden.
Dieser Aspekt ist am frühesten in den Romanen von Tel Quel bei der Illustration psychoanalytischer und philosophischer Fragestellungen zur Anwendung gelangt. Eine wirklich desartikulierende Intertextualität findet sich,
außer in den Romanen Roches, jedoch erst in *Lois* und *H*.

Es ist verwunderlich, daß sich im Modell Kristevas keinerlei Hinweise auf
die Theorien der konkreten Poesie finden, ist doch die Übereinstimmung
auf dem Gebiet der Erstellung konkreter semantischer Texte frappierend,
wobei die Theorie Kristevas geeignet wäre, das syntagmatische Anwendungs-
feld konkreter Texte bedeutend zu erweitern. Anderseits könnten Verfahren der ebenfalls unerwähnt gebliebenen spatialen und visuellen Poesie die
von Kristeva postulierte netzartige Beziehung innerhalb eines anagrammatischen Textes verdeutlichen helfen.[35] Dabei versteht sich die visuelle Komponente der konkreten Dichtung nicht etwa rein tautologisch als graphi-
sche Erläuterung der semantischen Aussage, sondern als Ausdruck einer
veränderten Wirklichkeit, die mit ihren statistischen Kurven, Signalen, Re-
klamewänden etc. hauptsächlich durch visuelle Perzeption erfaßt wird.[36]
Eine Stellungnahme Kristevas wäre um so interessanter, als Roche oder
Butor spatiale und lettristische Verfahren auf den Roman anwenden.[37] Die
Vorbilder reichen hierbei von Dada, Apollinaire und Mallarmé bis hin zu
Rabelais. Eine theoretische Fundierung der Übertragung dieser Techniken
auf den zeitgenössischen Roman wird in den Schriften Butors geleistet.
Demnach müßten die Schriftsteller lernen, mit den verschiedenen Lettern
ebenso umzugehen, wie es die Musiker mit den Klangfarben ihrer verschie-
denen Instrumente tun.[38]

Konkrete Dichtung sieht, ebenso wie Tel Quel der Phase 3, in der Sprache ein Produktionsmittel, ein Material, welches zum thematischen Gegenstand des Textes wird. Beide verbindet die gleiche antihumanistische Ziel-

setzung, die sich im Streben nach einem Text ohne semantische Aussage
äußert, in dem sowohl die sentimentale als auch die subjektivistische Seite
der traditionellen Literatur eliminiert werden sollen. Bleibt nun jedoch die
konkrete Dichtung mit ihrem Sprachmaterial unterhalb der Satzebene, so
gelingt Sollers auf der Grundlage anagrammatischer und alogischer Kombi-
nationsreihen die Erstellung größerer konkreter Texte. Darüber hinaus beinhaltet die These der Intertextualität eine Theorie des dichterischen Schaf-
fensprozesses, wodurch die ‚revolutionäre' Arbeit einer konkreten Schreibweise in eine direkte historische Dimension, sowohl literatur- als auch gei-
stesgeschichtlicher Art, gestellt wird. Auch rezeptionsästhetisch arbeiten
beide auf das gleiche Ziel hin: Aufzeigen des in der Sprache Möglichen; Reflexion der „Bedingungen und Strukturen möglicher sprachlicher Sinnkon-
stitution"[39]; ästhetische Distanz durch Polyvalenz der dichterischen Sprache. Beide zielen auf eine Zerstörung der linearen, auf Sinn ausgerichteten
alltäglichen Sprache, die zum bloßen Kommunikationsvehikel degradiert
ist, und machen durch ihre Schreibweisen eine direkte, unmittelbare Lektüre unmöglich, da sich die Botschaft dieser Texte nicht ‚übersetzen' läßt,
sondern erst vom Leser rekonstruiert werden muß. Kristeva und Tel Quel
verfolgen dabei allerdings eine bedeutend radikalere Zielsetzung, die, über
die momentane Zerstörung des alltagssprachlichen Erwartungshorizonts
hinaus, das gesamte auf Logik und Kausalität aufgebaute Weltbild des Abend-
landes annullieren will.

2. Maurice Roche: *Compact* (1966)

Dieser Roman, dessen Inhalt wir bereits besprochen haben, vereint in sich
sowohl lettristische und spatiale als auch konkrete und anagrammatische
Elemente. Im großen und ganzen besteht dabei in *Compact* eine systematische Beziehung zwischen den jeweiligen Personalpronomen und der Typographie.[40] Eine solche Differenzierung ermöglicht überhaupt erst die simultane Schreibweise Roches, da die einzelnen Elemente des Romans ohne diese optische Hilfe nicht voneinander zu unterscheiden wären. Die Typographie erfüllt somit eine distinktive Funktion, ohne die der Roman entweder
unleserlich oder auf eine einzige Sinndimension reduziert würde.[41] Die Tendenz zu einer simultanen Schreibweise wird auch durch spatiale Schreibtechniken unterstützt. So kann neben die in Anmerkung 41 aufgezeigte
‚horizontale' Simultaneität eine ‚vertikale' treten, indem z. B. eine aus einem gemeinsamen Anfangssatz hervorgehende Beschreibung sich in zwei
nebeneinander geführte Kolonnen spaltet, um dann wieder im Schlußsatz
zusammenzulaufen. (117)
   Bei den spatialen und visuellen Schreibweisen handelt es sich sehr oft
um ein rein tautologisches Vorgehen, durch welches der Wort- oder Satz-
sinn sichtbar gemacht wird. Der Satz: „Du wirst langsam den Kopf nach
rechts und nach links drehen", sieht dann folgendermaßen aus:

Tu tourneras

                lentement la tête

à gauche   à droite (18)

In anderen Fällen liegt der spatialen Schreibweise keine tautologische Absicht zugrunde, und sie muß vielmehr in die Tradition Mallarmés und spatialer Dichtung eingeordnet werden, wonach „die weißen Zwischenräume zum Bedeutungsträger werden"[42].

Aufgrund der typographischen und spatialen Segmentierung erweckt der Roman durchaus den Eindruck eines konkreten und anagrammatischen Textes, dessen einzelne Elemente isoliert und ohne kausale Bindung aneinandergereiht scheinen. Dieser Eindruck entsteht vor allem durch die unentwirrbare und zum Teil poyglotte Intertextualität, von der hier einige Beispiele angeführt werden sollen:

1. Hohe Literatur: die Kriegsakkorde von Jeanequin; die gefrorenen Worte von Rabelais; die schwarze Seite aus *Tristram Shandy*, der Donner aus *Finnegans Wake*; die Tränenlinie, die St. Simon am Tage des Todes seiner Frau in seinen Memoiren malte; Heraldik; Kabbala; Faust; Homer; Dante; fernöstliches Theater; Freud; Marx; die Bibel etc.

2. Welt der von der offiziellen Kultur verdammten Künste: Kabarett, Transvestiten; fernöstliche Kunst der Tätowierung und Konservierung von Menschenhaut.[43]

3. Werbeslogans, die desartikuliert sind und meist einen satirischen Charakter haben: *Die für jeden Geldbeutel erschwingliche Psychoanalyse*; *Das Taschenkapital, der kleine Marx*; *Die Abenteuer von Abälard in Kurzfassung*; *Das imaginäre Museum auf Briefmarken*; *Balzac in logischen Schemata*. (81–86)

Die wesentlichste Forderung der konkreten und anagrammatischen Dichtung wird jedoch nicht erfüllt, nämlich die Zerstörung von Sinn. Die formalen Aspekte von *Compact* sind vielmehr Ausdruck und Visualisierung des thematischen Anliegens des Romans, der durchaus eine Geschichte ‚erzählt' und einen ‚Inhalt' hat, der unabhängig von seiner formalen Gestaltung vermittelt werden kann. Dies soll nun nicht heißen, daß die formale Gestaltung reiner ‚Zierat' und somit überflüssiges Beiwerk wäre, vielmehr stehen inhaltliche und formale Gestaltung in *Compact* in einem ausgewogenen Verhältnis zueinander und bedingen sich gegenseitig: So ist das Hauptanliegen des blinden Protagonisten die Suche nach seiner verlorenen Identität. Da er blind ist, bleibt als einzige Möglichkeit der Perzeption das Gehör, und eben dieser Hörraum zeichnet sich durch eine absolute Simultaneität aus. Die ständige Alternanz der verschiedenen Themenstränge, die durch die verschiedenen Typographien gekennzeichnet werden, findet hierin ihre Ursache. Ebenso stehen auch die intertextuellen Zitate in engstem Zusammenhang mit der persönlichen Problematik des Blinden: Bei seinen imaginären Spaziergängen, wo sich der Blinde fast ausschließlich in Städten bewegt, wird er, ebenso wie bei den Radiosendungen, ständig mit Reklameslogans

konfrontiert, und eben von dieser Reklame übernimmt Roche auch direkt
spatiale und visuelle Schreibweisen, wie etwa die der *Eyes exchange bank*
(122) oder des *Journal lumineux.* (97–99) Grundsätzlich erscheinen somit
die formalen Elemente des Romans als direkter Ausdruck eines Versuches,
sowohl die Simultaneität eines Hörraums und die dadurch entstehende Zersplitterung der semantischen Botschaft der Rede als auch die komplexe Zeichenwelt unserer Großstädte zu verdeutlichen. So haben in *Compact* sowohl die formalen als auch die inhaltlichen Elemente einen fest aufeinander abgestimmten ,Sinn' und bilden eine untrennbare Einheit.

3. Maurice Roche: *Circus* (1972)

In diesem 1972 erschienenen Roman geht die zusammenhängende Erzählebene von *Compact* verloren. Was bleibt, sind nur noch die lettristischen,
spatialen und anagrammatischen Schreibweisen, die ausschließlich das Bild
des Romans bestimmen. Sowohl formal als auch inhaltlich bedeutet *Circus*
eine konsequente Weiterführung von *Compact*. Die Auflösung des Individuums, mit der *Compact* endete, wird in *Circus* endgültig, und es taucht
keinerlei Reminiszenz an eine Person im Roman auf. Was bleibt, ist ein zum
Teil reiner Text, keine Erzählung oder Fabel, sondern ein Gewebe von
Schreibweisen, die nicht mehr Ausdruck eines ,Inhalts' sind, sondern die
Sprache als Material verwenden. Dabei kann allerdings eine Untersuchung
der Auswahl des Sprachmaterials Rückschlüsse auf einen möglichen, inten-
dierten ,Inhalt' erlauben.
  Rein formal gesehen wird der Text durch folgende Schreibweisen konstruiert:

1. Anagramme vom Typ:

F_{iole}^{olie} (9)

oder vom Typ:

Et queLque chose n'a pas D'OdeuR; cApital De savoir ça: l'Or. (52)

2. Wortspiele auf der Grundlage von phonematischen Regeln. Auch hier
gibt es verschiedene Typen wie etwa:

A peine per $_{\text{cue}}^{\text{due}}$, en apprécier la qualité. (35)

oder vom Typ:

saigner mit Korrekturzeichen ⌈∿⌡ am Rande des Textes (12)

oder:

Près de la (porte – entreouverte – où votre m) ère était (76),

wo die Korrekturzeichen in den laufenden Text mit eingearbeitet sind.

3. Zweidimensionale, kreuzwortähnliche Textgewebe:

```
                                 r        r
                                 e        e
                                 p        p
culture    confort    loisirs    drague   drogue (29)
                                 s        s
```

4. Eine Intertextualität, die sowohl Reklame, politische und moralische
Parolen als auch Mythen der Indianer Nord- und Mittelamerikas, der Grie-
chen, Wikinger, Inder und des Fernen Ostens ‚dekonstruiert', indem Reklame und Parolen verballhornt und die Mythen durch eine abrupte Konfrontation mit der Neuzeit in vollkommen neue Sinnzusammenhänge gestellt
werden.

Eine Untersuchung der Wortfelder sowie der angeschnittenen Themenkreise könnte folgende Leitgedanken des Romans herauskristallisieren: Angriffe gegen die moderne Konsumgesellschaft; Verurteilung der Ausbeutung
der Naturvölker durch die industrielle Welt (Anprangerung der Sklavenhal-
terei, der Vergiftung und Ausrottung der Indianer durch Alkohol sowie der
kommerziellen Nutzbarmachung ihrer Sitten und Gebräuche) sowie gegen
jegliche Unterdrückung und die sie propagierende humanistischen Parolen,
die lächerlich gemacht werden. Überschattet wird jedoch alles durch den
Tod, der in barocken Visionen immer wieder evoziert wird. Der Roman endet am Nullpunkt eines H-Bombenabwurfes.

Die in ihrer Simultaneität evozierten Bilder einer total zerrissenen Welt
sind, wie bereits in *Compact*, von einem absoluten Pessimismus erfüllt und
werden mit einer an Lévi-Strauss erinnernden Nostalgie mit den Zeiten eines glücklichen Naturzustandes konfrontiert. Entsprechend der historischen
Endzeitstimmung steht der Roman auch als literarisches Werk an einem
„Nullpunkt" und bezeichnet sich selbst als ein „Gebeinhaus der schönen
Literatur". (14) Aber gerade hier setzt inmitten des Pessimismus eine neue
Utopie ein, die sich bereits in den kabbalistischen Wortspielen von *Compact*
äußerte: Die Möglichkeit, alles zu sagen, der magischen Formel, die alles be-
inhaltet. Dieser Aspekt war auch in den bisher besprochenen Romanen der
Gruppe Tel Quel anzutreffen und stand immer in Zusammenhang mit der
Suche des Menschen nach seiner verlorenen Identität. In *Circus* ist der
Mensch als Individuum aus dem Blickfeld des Romans verschwunden. Was
bleibt, ist ein Text, der in vielem an die esoterischen Texte des 16. Jahrhunderts erinnert, wo die Sprache noch eine „mysteriöse, undurchsichtige und

rätselhafte Sache war, die sich dem Menschen zum Entziffern anbot"[44].
Aber glaubte man damals noch, durch das Aufdecken gewisser Gesetzmäßigkeiten (*convenientia, aemulatio, analogie, sympathie*)[45] die Gesamtheit der
Dinge und ihrer Interdependenz erfassen zu können, und waren diese Texte
noch „Signatur[en] des göttlich Überirdischen",[46] dann entwickelt sich in
Circus die Sprache „ohne Anfang, Ende und Ziel", wobei „der Text der Literatur ständig diesen vergeblichen und fundamentalen Raum durchläuft".[47]
Kein Roman könnte besser als *Circus* die obigen Worte Foucaults illustrieren: Der Mensch ist aus dem Blickfeld der Literatur verschwunden, und zurück bleibt ein ‚reiner Text' mit seinen Strukturgesetzen, die zum eigentlichen Mittelpunkt des Romans werden.

Aufgrund der Anagramme und der phonematischen Spiele wird dem Leser die volle Entscheidung über eine mögliche Sinngebung des Romans auf-
getragen, da erst er den Sinn des Romans durch das Nachvollziehen seiner
Strukturgesetze erarbeiten muß. In den Teilen des Romans, wo die obigen
Schreibweisen zur Anwendung gelangen, handelt es sich somit mehr um eine „Strukturmitteilung" als um eine „Botschaftsübertragung". Ebenso wie
die konkrete Dichtung reflektiert auch *Circus* — und teilweise bereits *Compact* — „Bedingungen und Strukturen möglicher sprachlicher Sinnkonsti-
tution"[48]. Dabei ist der wohl wichtigste Punkt der netzartige Aufbau der
beiden Texte, der eine lineare Lektüre unmöglich macht. Beide Romane
beanspruchen so auf besondere Weise den Blick, wobei die traditionelle
Bedeutung des Wortes „lesen" als einem mechanischen Entziffern der linearen Abfolge typographischer Zeichen radikal verändert wird. „Lesen" bedeutet hier vielmehr ein Entwirren der netzartig miteinander verbundenen
Zeichen, bedeutet das Erfassen der ‚Zeichnung', der ‚Partitur' des Textes.[49]

Im Gegensatz zu *Compact* sind in *Circus* die spatialen und lettristischen
Schreibweisen nicht mehr nur eine tautologische Doppelung eines vorgegebenen Inhalts, sondern werden vielmehr zur Grundlage und zum Ausgangspunkt für die Erstellung eines *möglichen* Sinns. Innerhalb der bisher besprochenen Romane ist somit *Circus* der erste, der Sprache als Produktivität verwirklicht. Der Katalysator ist hierbei der Leser, der durch seinen Le-
seakt die in der Polyvalenz des Textes angelegten Bedeutungsmöglichkeiten
realisiert. An dieser Stelle erhebt sich jedoch die Frage nach dem Freiheitsraum des Lesers, da die Gesamtdeutung des Romans durch die vom Dichter
getroffene Auswahl doch in bestimmte Bahnen gelenkt wird. Diese Lenkung kommt besonders frappierend bei den intertextuellen Stellen zum
Ausdruck, da diese mit ihrer meist eindeutigen Aussage (Dekonstruktion
eines bestehenden Inhalts und daraus folgende Verkehrung in sein Gegenteil) eine ideologische Festlegung des Textes besonders deutlich machen.
Dieses Problem und seine Folgen für die Wirkungsweise der Produktivität
des Textes sollen im Zusammenhang mit der nachfolgenden Analyse von
Lois und im Schlußkapitel noch einer eingehenden Untersuchung unterzo-
gen werden.

4. Philippe Sollers: *Lois* (1972)

Müssen die Knappheit und Wortkargheit von *Circus* vom Leser weiterentwickelt und in ihrer Polyvalenz gedeutet werden, dann ertrinkt er in *Lois*
in einem regelrechten Strudel von Wörtern. Zusätzlich wird dabei aus den
bereits bei Roche verwirrenden enzyklopädischen Ansätzen ein Universalis-
mus, der mit der Schöpfung der Welt beginnt und, nach einer Mischung von
griechischen und biblischen Mythen mit französischer Geschichte und Literatur, von der Entwicklung der christlichen Ära über die der modernen Gesellschaften bis hin zur Revolution der Dritten Welt und den Ereignissen
des Mai 68 in Frankreich reicht. Die Stilebene ist dabei jedoch nicht die
ernste und mythisch-sakrale von Baudry, sondern, wie bei Roche, die einer
enormen *raillerie*, eines obszön-lustigen *chanson paillarde*,[50] die mit ihren
Worterfindungen und akausalen Wort- und Satzfolgen an Vorbildern wie
Joyce und Rabelais orientiert ist. *Lois* erinnert an die dadaistische und surrealistische *écriture automatique*, die unter Ausschaltung einer jeglichen
Verstandeskontrolle ein reines Gedankendiktat sein sollte. Die Schreibweise von *Lois* ist jedoch bewußt konzipiert und kann mit den anagrammatischen Gesetzen Kristevas erfaßt werden: konsequente Intertextualität als
Dekonstruktion des literarischen Vorbildes; akausale und alogische Satz-
und Kapitelsyntax sowie phonetische und phonologische Generierungsgesetze.

Das Grundprinzip der Intertextualität besteht dabei in der formalen
Übernahme einer Vorlage, die inhaltlich travestiert wird. Diese Vorlagen
sind nur in relativ geringem Umfang literarischer Natur und bestehen in der
Hauptsache aus volkstümlichen Redewendungen sowie Slogans aus Politik
und Werbung. Am Zustandekommen des nachfolgenden Beispiels sind sowohl literarische (Pascal) als auch sprichwörtliche Elemente beteiligt:

L'homme n'a jamais été un roseau pensant. Si le roseau avait pensé, cléopâtre aurait
eu le nez qu'elle croyait avoir. (79)

Der Mensch war nie ein denkendes Schilfrohr. Wenn das Schilfrohr gedacht hätte,
hätte Kleopatra die Nase gehabt, die sie zu haben glaubte.

Ein anderes Verfahren besteht in der Umformung von Büchertiteln, und aus
den *Tristes tropiques* von Lévi-Strauss werden ,,Les joyeux tropiques"(91)
oder aus *Un coup de dés n'abolira pas le hasard* von Mallarmé wird ,,Qu'un
coup de dés abolisse ou non le hasard celui-ci s'en tape". (92) Aus dem
Sprichwort ,,Der Krug geht so lange zum Brunnen, bis er bricht" wird ,,Tant
va le change à l'eau, qu'à la fin c'est la fange" (101), ,,Der Tausch geht so
lange zum Wasser, bis er schließlich Schlamm ist". Es kann sich hier sowohl
um eine Anspielung auf die bürgerliche Wirtschaft und deren Grundlage des
,gerechten' Tausches handeln, als auch um eine Attacke gegen die von Tel
Quel abgesplitterte Zeitschrift *Change*, die inzwischen in heftigster literarischer Fehde miteinander liegen. Auch politische Slogans werden verballhornt, und aus dem Aufruf ,,Proletarier aller Länder vereinigt euch" wird

das unübersetzbare „Ovulationnistes de tous les pays, pilulez-nous ça".
(99) Auch die Marseillaise erhält eine durchaus unheroische, dafür aber ero-
tisch-obszöne Neufassung (59). Ebenso religiöse Texte: aus „ora pro nobis"
wird „clito pro nobis." (36) Eine heitere und auch durchaus kritische Wirkung kann durch eine einfache Anhäufung unverändert gelassener Slogans
und Redewendungen des Alltags erreicht werden, die so ihre Hohlheit und
Leere offenbaren, wie etwa die sich über zwei Seiten hinziehende ‚Dokumentation' aus dem gewerkschaftlichen und parteipolitischen Bereich (99/
100).

Die Prinzipien der Intertextualität erstrecken sich nicht nur auf bestehende Texte, sondern auch auf das Vokabular, indem isolierte Wörter oder deren Teile zu monstruösen Neologismen zusammengesetzt werden: *argostro-*
nauts (38); *accouchieur* (47); *décadanse* (61); *maman-chierie* (70); *castra-*
ture du cercle (74); *confessanal* (97); „Le pape s'émeut et s'empilabulle."(97)

Das Ziel der Intertextualität besteht zweifellos in einer Verfremdung der
Denkgewohnheiten des Lesers, der so gezwungen wird, Abstand von vorgegebenen und oftmals gedankenlos übernommenen Redewendungen zu nehmen und seine Konzepte neu zu überdenken. Das angewandte Verfahren
entspricht dem der Travestie, die von inhaltlichen Umkehrungen bis hin zu
verbaler Komik reicht. Ein wesentlicher Unterschied zur traditionellen Travestie besteht nun aber darin, daß nicht ein einzelner Text oder eine Gruppe
von Texten, die dem gleichen Themenkreis angehören (etwa die Ritterroma-
ne im *Don Quijote*) dekonstruiert werden, sondern einzelne Sätze und Parolen, deren Reihung einen vollkommen diskontinuierlichen und heterogenen Text ergibt.

Diesem vollkommen alogischen und akausalen Reihungsprinzip der intertextuellen Zitate entspricht die Syntax einer anderen Gruppe von Sätzen,
die am besten mit dem Begriff der *langage petit nègre* gekennzeichnet werden kann, da die einzelnen Satzglieder zumeist ohne Artikel, Flexion und
Konjugation aneinandergereiht sind und mehr einer Aufzählung als einem
Satz ähneln. Neben diese syntaktische Willkür tritt eine semantische, welche die Sätze zu „leeren Mengen" werden läßt. Auch diese Sätze geben in
ihrer Reihung einen diskontinuierlichen und scheinbar unsinnigen Text, da
dessen Organisationsprinzip nicht auf inhaltlicher Ebene, sondern auf der
phonetischer Paradigmen zu suchen ist, wie es durch die Analyse des folgenden Textauszuges etwas verdeutlicht werden soll:

[. . .] Je te paradonnerai d'être moraliste quand tu seras meilleur physicien. Mon
mignon latin. Donne-moi la main. Garde ton entrain!

et très surveillés dans l'enraciné. Très plantés cloués. Ou reboulonnés. Foufente! Sur
pente! Ils se réengendrent en coulées plombées. C'est nécessité. Nul ne l'affranchit.
Dans sa forme prix. La généralité dit-il est le frisson pur de l'être en vie. Et frissonna
en effet et prit froid. Choléra. Begriff! Plaintif! Se faisant les griffes! Iena, iena, sombre
saale! Et le souvenir de p'tit poléon sur son ch'val d'arçon avec ses grognons. Avant
qu'ça patine dans la bérézine. Après la bouscule en plein pharaons. Puis marbré-rosé.
C'était pas la mode du névrosaulée. D'la poupée momie proposée aux masses. Pour

qu'elles s'y entassent. Oulianov iconomifié arrêté posthume et pasteurisé. Avec son sousfrère de rusé jojo bien fossilisé puis décomposé. Exposé prié puis désintégré. Fort cruelle hystoire! Implacable écrin! Dans tous les recoins. Comme la dent d'bouddha et le chou d'la croix et le brin d'cheveux de la sœur troufoi. Conservant son mort sous faucille à jupe et se l'enclumant sous son mamarteau! Ayant l'art à merde en étron gâteau! Tout ça forcément cachant le coloreux pancosmos. Boitant biglant bégayant bancalant pied-bottant et s'éborgnant l'os. Se dégénérant dans le générant devenant gérant du nié niant. Riposte! Réponds! Sors-nous ton violon! [...] (92/93)

Die wichtigsten, den gesamten Text strukturierenden Prinzipien sind phonetischer Gleichklang und Rhythmus. Auf Sinn wird dabei keine Rücksicht genommen, vielmehr geht es um reine Klangkombinationen, in die auch fremde Sprachen eingearbeitet werden: ,,Begriff! Plaintif! Se faisant les griffes!" Es ist hier einfach der Reim *-if*, der die Wortwahl bestimmt. (Nach diesem Grundsatz sind ganze Reimfolgen mit den Endungen auf [e], [u], [o] konstruiert, oder ganze Wortfolgen nach Alliterationsgesetzen, wie etwa mit *con-* (50) oder in unserem obigen Textbeispiel die Folge *boitant, biglant, bégayant, bancalant, pied-bottant et s'éborgnant*). Handelt es sich in den bisherigen Beispielen um eine Gleichheit des Suffixes oder des Päfixes und eine Ungleichheit des Radikals, dann besteht das zweite Organisationsprinzip des obigen Textes in einer Gleichheit des Radikals bei ungleichem Suffix oder Präfix: *frisson, frissonna*, ,,Se dégénerant dans le générant [...] devenant gérant du nié niant".

Die einzelnen Formelemente überlagern sich in unserem Textbeispiel zu einem dichten Beziehungs- und Klangnetz und rücken den Text in die Nähe des Lyrischen. Es handelt sich allerdings um eine Wortkunst, die keinerlei Sinn ergibt, und man kann weder von Lautmalerei noch von Lautsymbolik im Sinne Rimbauds sprechen, sondern am ehesten von einem auf Gleichklang und Rhythmus beruhenden Kontinuum, das an gewisse dadaistische Texte erinnert. Während jedoch die meisten Dadatexte mehr inhaltlich verfremden oder durch neue Wortkonstruktionen extrem evokative Begriffe schaffen wollen, die ihnen einen durchaus ,mythischen' und orakelhaften Anstrich verleihen, ist *Lois* im wahrsten Sinne des Wortes eine ,,desakralisierte", rein ,,rhythmische Kombinatorik",[51] die konsequent nach dem Gesetz der ,,leeren Mengen" konstruiert ist und folglich keine Aussage hat. ,Inhaltliche' Aspekte spielen nur insofern eine Rolle, als in der Sprache vorgegebene Sinnzusammenhänge ,automatisch' Assoziationen auslösen. In unserem Beispiel etwa die Serie ,,Iena-Napoléon-bérézine".

Ein weiteres Strukturprinzip des Romans sind, wie in *Circus*, Wortspiele auf phonematischen Grundlagen, die von einfacher Verfremdung: ,,Je t'ai tiré les oneilles" (82) bis zur handfesten Persiflage reichen: ,,Et unam sanctam patolicam ecclesiam." (98) Durch systematische Phonemvertauschung werden ganze Klangeinheiten zu neuen Bedeutungen transformiert: ,,Papamaman et pamanpama et mappanma et mamanpapa." (81) Hinzu kommen phonetische Schreibweisen wie ,,l'boudin d'pama cétipatrébon" (38) und Spiele mit Homonymen, die nur durch die schriftliche Fixierung unterschieden werden: ,,Stéphâne, Antonain." (110)

Neben der die Alltagssprache verfremdenden Intertextualität, den satirischen Wortspielen sowie den klanglich-formalen Wortfolgen mit ihrer alogischen Reihung beinhaltet der Roman eine ganze Reihe von ‚normalsprachlichen' Passagen mit einem eindeutigen Sinn. Sie sind dann auch der Ort
poetologischer und philosophischer Erörterungen, die Rückschlüsse auf die
Deutung des Romans zulassen.

Traten bereits in *La „Création"* gegen Ende alle Personalpronomen in
den Hintergrund, um so dem Ich des Erzählers Platz zu machen, dann wird
in *Lois* der gesamte Roman von einem solchen Ich getragen, das mit der
prophetischen Manier der alten Epenerzähler nicht den Ernst und die Würde von Baudry, sondern eine an romantische Ironie erinnernde Selbstpersi-
flage verbindet. Diese beiden Elemente sind innerhalb der extrem ernsten
und den Fetischismus eines Autors verdammenden, unpersönlichen Schreibweise der Gruppe Tel Quel eine absolute Neuerung. Der Humor wird zum
obersten Grundsatz von *Lois* und wird als „Kanone", als *surraison* im
Kampf gegen das bürgerliche Denken angepriesen. (106) In diesem Sinne
wird auch den revolutionären Studenten altväterlich vom Erzähler der Rat-
schlag erteilt, einen Stil zu entwickeln, der „lustiger, frischer, lebendiger
und volkstümlicher", aber deshalb trotzdem nicht „proletarisch" sein soll.
Abgelehnt wird der Surrealismus, der nur ein *sous-réalisme* sei und für Sollers, zusammen mit dem sogenannten „Natürlichen", einen „doppeldeuti-
gen Geruch nach Abort und Sakristei aufweist". (106)

„Der Kampf für einen revolutionären Inhalt" ist dabei auch gleichzeitig
„ein Kampf für die Erneuerung der Form". (60) Die Attacken von Sollers
richten sich in diesem Zusammenhang besonders gegen die „modernen Re-
visionisten" mitsamt deren kritischen Realismus, die als Wortführer eines
„dekadenten Bürgertums" verdammt werden. (102) Diesem Realismus setzt
Sollers seinen „ziemlich dunklen, unlerserlichen und unverständlichen Stil"
mit der Bemerkung entgegen, daß „nichts die Wirklichkeit daran hindere,
komplizierter zu sein, als es das utilitaristische Denken" wahrhaben wolle.
(107) Die Aufgabe des Dichters besteht dabei in einer ständigen Verneinung und Infragestellung dessen, was jeweils als „Wirklichkeit" ausgegeben
wird. (97, 104, 116, 141) Als Grundlage der *contestation permanente* wird
von Sollers einzig die marxistische Dialektik angesehen, die auch vor Mao
nicht haltmacht. Zwar liegt der Schwerpunkt der Angriffe des Romans auf
Bürgertum und Kirche, aber auch die chinesische Kulturpolitik mit ihrem
positiven Helden und Realismus wird verurteilt. (104) Noch erstaunlicher
sind die Attacken gegen die geistigen Väter von Tel Quel, gegen *philonalyse,
psychospahie, oraculisme* und *laquoinisme* (55), gegen die *anthropophagie
strucurale* („die strukturale Menschenfresserei") (67), gegen den „docteur
flacon, c'est à dire l'inconscient sans personne" („gegen den Doktor Fla-
sche, daß heißt das Unbewußte ohne Person") (68) und auch gegen den
früheren Stil, der als „mythologischer Salat" und *cosmoragot* eingestuft
wird. (82) Damit wird auch das zentrale Thema der bisherigen Romane, das

Problem der Strukturierung des Menschen durch die Sprache und die damit verbundene Rolle der Personalpronomen, hinfällig und, unter offensichtlicher Bezugnahme auf das „neue Personalpronomen" von *La „Création"*, ad absurdum geführt:

[. . .] O c'est toi c'est moi c'est nous tous en moi c'est moi tous en nous c'est nous tous en eux c'est moi tous en teux c'est eux tous en meuh c'est tous en vœux et c'est lui qui tousse c'est lui en remoi et c'est lui en toi et c'est nous en lui et eux-nous en mui, c'est lui c'est lui-moi c'est luiluimoimoi c'est plus moi du tout c'est eux vous en nous c'est nuit c'est vouluit c'est nounuit c'est cuit c'est trop beaucoup trop pour le mot à mot c'est trois fois trop trop c'est lui c'est pas lui esto!
au dessous de lui c'est encore plus elle, au dessus de lui c'est vraiment sur-elle c'est moi lui sans elle et deux moi c'est elle et c'est encore elle qui me largue appelle c'est lui avec ailes pour qu'elle m'ouvre en lui-
dhikr!   (70/71)

In *Lois* tritt an die Stelle der einst hochintellektuellen und esoterischen Literaturpraxis von Tel Quel eine theorienfeindliche und ‚volkstümliche' Kunst. Die ehemaligen Problemstellungen werden nur noch am Rande erwähnt und scheinen auf einfachste Weise gelöst: Individualität und Subjektivität werden in beschränktem Maße wieder anerkannt und der „persönlichen Vorbereitung" eine wichtige Rolle innerhalb der Revolution zugesprochen, was jedoch nicht „Subjektivismus" oder „Sektarismus" heißen solle. (105) Den Problemkreis der Möglichkeiten des menschlichen Erkennens sowie der Rolle des Menschen in der Geschichte löst Sollers kurzerhand durch Übernahme der Lehre Engels', wonach die „Veränderungen der Natur durch den Menschen und nicht die Natur als solche allein als Grundlage des menschlichen Denkens" angesehen werden dürfen (116), wobei die Dialektik des ständigen Widerspruchs die Weiterentwicklung garantiere. Eine bedeutende Rolle innerhalb dieser Dialektik nehme nun aber gerade das literarische Schaffen ein, das eine Instanz sei, die den Widerspruch systematisch pflege und propagiere. Die Lesergruppe, die Sollers damit primär ansprechen will, sind die Studenten, denen er neben dem literarischen Vorbild auch eine direkte Orientierungshilfe geben will. In gemäßigtem Ton und mit altväterlichen Beschwichtigungen sucht Tel Quel hier offensichtlich den Bruch mit den als Anarchisten verdammten Studenten des Mai 68 rückgängig zu machen. Zum obersten Verhaltensgrundsatz wird wieder die *contestation permanente*, die im Rahmen eines gemäßigten Subjektivismus und unter Leitung der ideologischen Arbeit innerhalb der Partei sowohl den Anarchismus, der letztlich doch nur die Ordnung stütze, als auch die Revolte des Underground und dessen Flucht in die Droge verwirft. (104/5)

Die abschließende Frage nach der Zielsetzung dieser ständigen Infragestellung kann am besten mit dem Begriff der „Entsublimierung" umschrieben werden. Gefordert wird ein „neuer Adam", der in Ruhe „seine Schlange" und „seinen Apfel" aufißt, so daß „nichts mehr von den Verboten übrigbleibt" (61, 137), ein Ödipus, der bewußt mit seiner Mutter schläft, alle

Tabus mißachtet und sie schließlich zerstört. Diese Zielsetzung eines Lebensgefühls jenseits von Gut und Böse, die bereits in *La „Création"* anklang, wird in *Lois* zur zentralen Forderung des Romans, der somit in der Tradition eines Sade, Nietzsche und Bataille steht. Nur im Zusammenhang mit dieser Zielsetzung kann auch die lexikographische Orgie des Romans, der in vielen Punkten an Rabelais erinnert, gedeutet werden. Wenn Spitzer[52] als Gründe für die Ablehnung Rabelais' seit der französischen Klassik deren sprachliche und geistige „Verfeinerung", welche die „dionysische Maßlosigkeit" verbietet, sowie eine „Intellektualität auf Kosten der Vitalität" nennt, dann kann das Unternehmen von Sollers als Generalangriff auf eine immer noch durch höchste Sublimation gekennzeichnete bürgerliche Welt gedeutet werden. Die Feststellung von Marcuse, wonach die „ungeordnete, grobe, possenhafte, künstlerische Entsublimierung der Kultur ein wesentliches Element radikaler politischer Taktik: das der umstürzenden Kräfte im Übergang"[53] sei, kann auch auf *Lois* übertragen werden. Der wahrhaft pantagruelinische Sprachwitz von *Lois* rückt dabei den Roman in die Nähe der witzigen *Gauloiserie* und vermeidet so die ungemeine Brutalität der Romane von Guyotat.

Innerhalb der Entwicklung von Tel Quel bedeutet *Lois* sowohl inhaltlich als auch formal einen absoluten Wendepunkt und vielleicht einen Neuanfang. Inhaltlich bringt er eine Abkehr von der wissenschaftlichen Problematik der früheren Romane, die ohne exakte psychoanalytische und geistesgeschichtliche Kenntnisse nicht gedeutet werden können. In formaler Hinsicht verwirklicht *Lois* erstmals die von Kristeva geforderten anagrammatischen Schreibweisen in der Form einer dekonstruierenden Intertextualität und einer alogischen Wort- und Satzfolge. In diesem Roman wird Sprache insofern ‚produktiv', als Inhalte nicht apriori ausgedrückt werden, sondern als Möglichkeit angelegt sind, die vom Leser realisiert werden muß. Dabei sind sowohl Intertextualität als auch alogische Schreibweisen ästhetische und nicht philosophisch-diskursive Verfahren, da sie neue ‚Inhalte' nur indirekt vermitteln, indem diese nicht als begrifflich vorgefertigte, sondern als mögliche, vom Leser erst zu findende Inhalte angeboten werden. Natürlich ist durch die vom Autor erfolgte Wahl bei Intertextualität und Themenkreisen der alogischen Passagen eine grundsätzliche Richtung der Interpretation des Lesers vorgezeichnet, seine Entscheidungsfreiheit ist jedoch sehr groß, und eine Aktualisierung der vorgegebenen Texte erfolgt nur durch ihn.

Trotz der obengenannten Lenkungsmöglichkeiten der Interpretation des Lesers scheint Sollers die Deutung nicht zur Gänze dem Leser überlassen zu wollen. Deshalb schiebt er immer wieder normalsprachliche Passagen ein, die den gewünschten ideologischen Hintergrund erläutern und immer wieder auf die materialistischen Grundlagen der formalen Experimente aufmerksam machen. Bei wohlwollender Betrachtung könnte man nun *Lois* als einen Kompromiß ansehen zwischen einer mimetischen, vorgegebene

Ideen und somit Sinn ausdrückenden und auf propagandistische Wirkung abzielenden sowie einer nicht mimetischen, anagrammatischen Schreibweise, die dem Leser einen weiten Interpretationsraum läßt und wo Sprache nicht als Instrument eines bestehenden, sondern als Material für einen möglichen Sinn angesehen werden muß. Bei einer kritischeren Betrachtung müßte der ‚Kompromiß' letztlich als Ausdruck des Scheiterns der anagrammatischen Schreibweise betrachtet werden, da das formale Experiment nur als Beiwerk erscheint, während das zentrale Anliegen des Romans in traditioneller Form vermittelt wird und die anagrammatischen ‚Spielereien' letztlich überflüssig macht.

Auch in ideologischer Hinsicht bedeutet *Lois* einen Kompromiß: Sowohl der dogmatische Antihumanismus der früheren Romane als auch der militante Maoismus von *Nombres* verschwinden und machen einer auf spezifisch französische Verhältnisse ausgerichteten Taktik Platz. Dabei nähert sich Sollers wieder der Idee einer, wenn auch nicht anarchistischen, so doch vom Individuum getragenen *contestation permanente* auf der Grundlage eines dialektischen Materialismus.

5. Philippe Sollers: *H* (1973)

In diesem jüngsten Roman vermeidet Sollers die Diskrepanz zwischen alogischer anagrammatischer Schreibweise und normalsprachlichen Passagen dadurch, daß er die nach reinen Klanggesetzen generierten Textteile, die dekonstruierende Intertextualität sowie die allzu direkte Propaganda von *Lois* nicht mehr als Stilmittel verwendet. Was bleibt, ist eine Ansammlung von allen möglichen Eindrücken, wie sie sich im Laufe seines Lebens im Gedächtnis eines Menschen ansammeln können. Diese Ebene des Unterbewußten wird in der Form einer endlosen monologischen Plauderei dargeboten, was zu einem Roman führt, der, ohne Interpunktion, aus einem einzigen, 185 Seiten umfassenden Satz besteht. Aber es handelt sich dabei nicht um einen *monologue intérieur*, der sich auf ein im Mittelpunkt stehendes Ich konzentriert, sondern um einen *polylogue extérieur* (42), in welchem die Sprache dieses Ich übersteigt. Eine Inhaltsangabe ist unmöglich, da der Roman ebenso viele Gedanken und Themenkreise umfaßt wie Satzteile. Seine Lektüre gestaltet sich äußerst mühsam, weil die einzelnen Teile des endlosen Satzes durch die Slogans, aus denen sie gebildet sind, zwar irgendwie vorgeordnet sind, jedoch keine bewußte Auswahl im Sinne einer Mitteilungsabsicht getroffen wird, wodurch ein verwirrendes und vollkommen ‚unleserliches' Konglomerat entsteht. Gerade das Fehlen der Interpunktion, die Sollers als die ,,Metaphysik in Person" (14) bezeichnet, erweist sich als ein wirksamer Schlag gegen jegliche Sinnvermittlung.

Im Gegensatz zur anagrammatischen Schreibweise von *Lois*, die eine weitgehende Automatisierung der Kombinationsmöglichkeiten der sprach-

lichen Elemente anstrebt, um so eine Fixierung der Sprache an die Subjektivität eines Autors zu verhindern, ist die Schreibweise von *H* allein der
persönlichen Wahl und Anordnung des Autors verpflichtet, der auch in diesem Roman als *je* redet. Als heterogene Mischung der verschiedensten philosophischen und sozialpolitischen Positionen der abendländischen und
speziell der französischen Gesellschaft ist *H* der Roman, der dem Denken
der *différance* Derridas am nächsten kommt, da es keine Möglichkeit einer
hegelianischen ‚Aufhebung' dieser Widersprüche gibt.

Anmerkungen

1 Ein einziges Mal tritt der Erzähler als „je" auf den ersten Seiten des Romans in
  Erscheinung: „[. . .] er ist zugleich ausgestreckt, tot, auf der Stelle die ich angegeben habe [. . .]" (13)
2 Barthes, „Drame, poème, roman", 35.
3 in: *Logiques*, 15–43.
4 ebd. 18,24.
5 ebd. 29.
6 Vgl. das Zitat in Kap. 2, III.
7 Sollers, „Ecriture et révolution", 72.
8 Vgl. Pollmann, *Der französische Roman*, 169.
9 Vgl. Kap. 1, II unserer Arbeit.
10 Gerade an diesem Punkt setzt die Kritik der Gruppe Tel Quel ein: So wirft etwa
   Goux in einem Aufsatz „Marx et l'inscription du travail" der Phänomenologie eines Merleau-Ponty vor, daß sie die Sprache nicht berücksichtige, sondern als willen-
   loses Werkzeug betrachte. (206)
11 Vgl. Baudry, „Ecriture, fiction, idéologie", 142.
12 Vgl. Kap. 1, II.
13 Vgl. ebd.
14 Vgl. Freud, *Die Traumdeutung*, 213:
   „Die einzelnen Stücke dieses komplizierten Gebildes stehen natürlich in den mannig-
   faltigsten logischen Relationen zueinander. Sie bilden Vorder- und Hintergrund,
   Abschweifungen und Erläuterungen, Bedingungen, Beweisgänge und Einsprüche.
   Wenn dann die ganze Masse dieser Traumgedanken der Pressung der Traumarbeit
   unterliegt, wobei die Stücke gedreht, zerbröckelt und zusammengeschoben werden, etwa wie treibendes Eis, so entsteht die Frage, was aus den logischen Banden
   wird, welche bis dahin das Gefüge gebildet hatten. Welche Darstellung erfahren im
   Traume das „Wenn, weil, gleichwie, obgleich, entweder – oder" und alle anderen
   Konjunktionen, ohne die wir Satz und Rede nicht verstehen können?
   Man muß zunächst darauf antworten, der Traum hat für diese logischen Relationen
   unter den Traumgedanken keine Mittel der Darstellung zur Verfügung. Zumeist
   läßt er all diese Konjunktionen unberücksichtigt und übernimmt nur den sachli-
   chen Inhalt der Traumgedanken zur Bearbeitung. Der Traumdeutung bleibt es
   überlassen, den Zusammenhang wieder herzustellen, den die Traumarbeit vernich-
   tet hat.
   Es muß am psychischen Material liegen, in dem der Traum gearbeitet ist, wenn ihm
   diese Ausdrucksfähigkeit abgeht. In einer ähnlichen Beschränkung befinden sich
   ja die darstellenden Künste, Malerei und Plastik, im Vergleich zur Poesie, die sich
   der Rede bedienen kann, und auch hier liegt der Grund des Unvermögens in dem
   Material, durch dessen Bearbeitung die beiden Künste etwas zum Ausdruck zu

bringen streben. Ehe die Malerei zur Kenntnis der für sie gültigen Gesetze des Ausdruckes gekommen war, bemühte sie sich noch, diesen Nachteil auszugleichen. Aus dem Munde der gemalten Personen ließ man auf alten Bildern Zettelchen heraushängen, welche als Schrift die Rede brachten, die im Bilde darzustellen der Maler verzweifelte."
15 Vgl. Kap. 2, IV.
16 In einem Brief vom 26.1.1968 an Jacques Legrand betont Roche, daß *Compact* nicht von *Tel Quel* beeinflußt worden sei, da der Roman bereits vor Erscheinen der Zeitschrift konzipiert war. Später stand Roche der 1960 gegründeten Gruppe Tel Quel nahe. 1968 war er Gründungsmitglied der Gruppe Change, die er allerdings während der Fehde zwischen Faye und Sollers 1970 bereits wieder, aus Sympathie für Sollers, verlassen hat. Vgl. „Vérité d'une marchandise: le bluff *Change*", in *Tel Quel* 43 (1970), 77–96.
17 Übersetzt von Reblitz in: *Akzente 4* (1969), 323/24. Leider haben wir erst nach Fertigstellung des Manuskriptes erfahren, daß inzwischen eine vollständige Übersetzung von Reblitz vorliegt: *Kompakt*, Köln 1972.
18 Spitzer, „Vous et nous régimes atones de on", 330.
19 Spitzer, „Über die syntaktische Einordnung des Individuellen unter die Allgemeinheit", 163 ff.
20 Vgl. Cioran, *Précis de décomposition*, 58:
„Unter dem Stachel des Schmerzes erwacht das Fleisch; als leuchtende und lyrische Materie singt er seine Auflösung. Solange es von der Natur nicht zu unterscheiden war, ruhte es in dem Vergessen der Elemente: Das Ich hatte sich seiner noch nicht bemächtigt. Die leidende Materie emanzipiert sich von der Gravitation, ist nicht mehr mit dem Rest des Universums solidarisch und isoliert sich von der schlafenden Gesamtheit; denn der Schmerz, wirksame Kraft der Trennung, aktives Prinzip der Individualisierung, verneint den Genuß eines statischen Schicksals [. . .] Von allen Banden, die uns mit den Dingen verknüpfen, gibt es kein einziges, das nicht locker würde und zugrunde ginge unter dem Einfluß des Leidens, das uns von allem, außer von der Besessenheit von uns selbst und dem Gefühl, unwiderruflich Individuum zu sein, befreit."
21 Vgl. Anmerkung 19.
22 Benveniste, 235/36.
23 *Akzente* 4, 319.
24 Vgl. Frisch, *Mein Name sei Gantenbein:*
„[. . .] Ich probiere Geschichten an wie Kleider. (30) Jeder Mensch erfindet sich früher oder später eine Geschichte, die er für sein Leben hält [. . .] oder eine ganze Reihe von Geschichten." (74)
25 Vgl. McLuhan, *Das Medium ist Massage*, 26:
„Alle Medien massieren uns gründlich durch. Sie sind dermaßen durchgreifend in ihren persönlichen, politischen, ökonomischen, ästhetischen, psychologischen, moralischen, ethischen und sozialen Auswirkungen, daß sie keinen Teil von uns unberührt, unbeeinflußt, unverändert lassen. Das Medium ist Massage."
26 Zum formalen Aspekt von *Compact* vgl. Kap. 3, II, 1, 2.
27 Es ist daher nicht weiter verwunderlich, daß Derrida einen mehr als 70 Seiten starken Kommentar zu *Nombres* unter dem Titel *La dissémination*, in *Critique* 261 u. 262 geschrieben hat, der allerdings selbst wieder eines Kommentars bedarf.
28 *Critique* 261, 124.
29 ebd. 134.
30 Derrida, *Critique* 262, 227.
31 Vgl. Derrida, *Critique* 261, 105. Über Zahlensymbolik in Kabbala und Antike im Hinblick auf den Roman *Critique* 262, 226–28.
32 Nach einer Selbstinterpretation von Sollers („Niveaux sémantiques d'un texte

moderne", 324) umfaßt die Organisation von *Nombres* folgende drei Ebenen:
1. Eine Tiefenschicht als Ebene der „écriture".
2. Eine Mittelschicht als Ebene der Intertextualität.
3. Eine Oberflächenschicht als Ebene der Wörter, Reime, Sätze, Sequenzen und Motive.
Der Generierungsprozeß verläuft dabei von 1 nach 3 und der Leseprozeß von 3 nach 1.

33 Vgl. dazu die Ausgabe der Anagrammstudien von Starobinski im *Mercure de France* 350. Studien über die Anagramme: Peter Wunderli, *Ferdinand de Saussure und die Anagramme*, sowie ders. „Ferdinand de Saussure: „ler Cahier à lire préliminairement".

34 Vgl. Kristeva, „Pour une sémiologie des paragrammes", 60–62.

35 Zur Problematik konkreter und spatialer Dichtung vgl. Garnier, Schmidt und Massin.

36 Vgl. Garnier, 57.

37 Vgl. Butor, *Mobile* (1962), *Description de San Marco* (1963), *6 810 000 Litres d'eau par seconde* (1965), *Où* (1971).

38 Butor, *Répertoire II*, 101.

39 Schmidt, 45.

40 Ursprünglich wollte Roche die einzelnen typographischen Elemente des Romans noch zusätzlich durch verschiedene Farben kennzeichnen, was jedoch in der kommerziellen Ausgabe nicht möglich war. Einen Eindruck dieser Absicht vermittelt ein Farbfragment des Buches im Katalog der Galerie *Ariel* N°5, Paris, Mai 1966.

41 Als Beispiel folgende Passage, die ohne typographische Differenzierung auf eine einzige Dimension reduziert würde:
„Maintenant je pénétrais le sens des paroles venues du poste de T. S. F.: „ . . . [nous entrons dans la phase finale de notre „exposé: nous l'avons démontré: derme est une anagramme „de merde – à partir de ça".] [*vous rechercheriez une figure dans cet amas de ruines pour en prelever le profil dont*] [„nous avons trouvé la formule avec les lettres du mot] [*vous déferiez le fil et vous l'utiliseriez pour esquisser un nom*] [„désignant la maladie"] [*que vous cacheriez ensuite soigneusement dans le tombeau, en ex-voto sur une étagère proche de la niche où vous auriez posé le masque de votre père. Vous seriez très ressemblant – vous-même! Vous n'en croiriez pas vos yeux!*] IL N'ÉTAIT QUE DE S'APPROCHER. (139/40)"

42 Mallarmé, „Un coup de dés n'abolira pas le hasard, préface", in: *Œuvres completes,* Paris 1965, 456.

43 So könnte die Thematik des Romans von der Geschichte Richardos, dem tätowiertesten Menschen der Welt, der seine Haut für 50 000 frs. an einen Arzt verkaufte, beeinflußt sein. Vgl. Giraud, 53.

44 Foucault, 49/50.

45 Ebd. 32–40.

46 Hocke, 51.

47 Foucault, 59.

48 Vgl. Schmidt, 45.

49 Die Analogie zur seriellen Musik scheint hierbei gar nicht so abwegig, zumal Roche selbst Musiker ist. Theoretische Arbeiten: *Monteverdi*, Paris 1961; Komponist von Bühnenmusik: *Le gouffre* (Temiriasef) (1946), *Les Epiphanies* (Henri Pichette) (1947); Konzertmusik: *Stabile* (Hamburg, 1960), *Les ruines circulaires* (Berlin, 1961).

50 *Chanson Paillarde*: Lied mit anzüglichem bis derb-obszönem Text. Beispiel einer *paillardise* in *Compact* wäre der musikalische Koitus, 34–38.

51 Sollers, „Le réflexe de réduction", 392; vgl. auch Kap. 4. I, 1.

52 Spitzer, „Zur Auffassung Rabelais".

53 Marcuse, 76.

4. Kapitel

Standort und Wirkung

I. *Zusammenfassung*

Der Versuch, zu einer das gesamte Schaffen von Tel Quel umfassenden Charakterisierung zu gelangen, stößt vor allem wegen der im Verlauf unserer Analysen zutagegetretenen Diskrepanz zwischen literarischer Praxis und Theorie auf Schwierigkeiten. Die Gründe dafür liegen einerseits darin, daß die Gesamtheit der theoretischen Forderungen niemals in einem einzigen Roman verwirklicht wurde, und andererseits in der nur unvollständigen literarischen Umsetzung der einzelnen theoretischen Ansätze. Das theoretische Schaffen geht dabei der jeweiligen Schreibpraxis voraus, wobei jedes der in Phase 2 und 3 entworfenen theoretischen Axiome genau in der gleichen Reihenfolge an den Romanen illustriert wird.

Ausgangspunkt ist die totale Ablehnung des traditionellen humanistischen Menschenbildes sowie der abendländischen Metaphysik. Die Grundlagen hierzu liefert der Philosoph Derrida, der in Weiterführung der strukturalen Linguistik Begriffe wie Sein, Gegenwart, Zentrum etc. als idealistische Denkmodelle entlarvt und an deren Stelle ein System von aufeinander verweisenden Ketten von Elementen setzt, die durch keine dahinterstehende Kraft wie etwa Gott oder platonische Ideen gesteuert werden, sondern Sinn und Bedeutung nur durch die Differenz zu den Nachbarelementen erhalten. Mit dem unfaßbaren Begriff der *différance* beschreibt er das Modell einer Struktur ohne ein sie strukturierendes Zentrum.

Das zweite Axiom definiert in enger Beziehung zu dem eben dargelegten die Stellung des Menschen innerhalb dieses Systems. Ein wesentlicher Einfluß wurde hierbei von der strukturalen Psychoanalyse Lacans ausgeübt. An die Stelle einer idealistischen Auffassung von der Autonomie des Menschen tritt die Überzeugung seiner durch die Abhängigkeit von der symbolischen Ordnung der Sprache bedingten Unfreiheit. In Verbindung mit dem Denken der *différance* und der Marxinterpretation Althussers führt diese Auffassung zu einem doktrinären Antihumanismus, der schließlich zur Ablehnung einer jeglichen phänomenologischen Fragestellung führt und die Vorstellung des Menschen als eines perzipierenden Bewußtseins verwirft. Wichtiger als der Mensch ist die ihn strukturierende Sprache, eine Vorstellung, die durch die Thesen Foucaults, wonach auch das gegenwärtig noch herrschende Menschenbild nur ein Produkt der Sprache ist, untermauert wird. Das grenzenlose Vertrauen in die Sprache als den bewußtseinsbildenden Faktor führt zu einem linguistischen Determinismus, dem der Mensch hilflos ausgesetzt ist.

Eine Befreiung aus diesen Zwängen könnte das dritte wichtige Axiom liefern, wonach die Sprache im Sinne einer an Marx und Lenin orientierten materialistischen Vorstellung ein Produktionsmittel ist, d. h., sie ist nicht nur Abklatsch eines vor ihr bestehenden Sinns, sondern schafft Sinn, da sie ein produktives Material ist. Diese Auffassung entspricht nicht nur derjenigen, die Freud von der Sprache des manifesten Traumes hatte, sondern ist auch die theoretische Voraussetzung der konkreten Dichtung. Bleibt nun aber konkrete Dichtung mit ihrer Textproduktion unter der Satzebene, dann will Tel Quel mit Hilfe mathematischer und tabulatorischer Modelle sowie einer dekonstruierenden Intertextualität größere Texte erstellen, in denen die frei kombinierende Sprache, die keinen Sinn ausdrückt, sondern ihn schafft, zur Wirkung gebracht werden soll. Theoretikerin dieser neuen, anagrammatischen Schreibweise ist Kristeva.

Die eben dargelegten Axiome verweisen alle auf einen materialistischen Standort der Gruppe, die sich seit 1968 marxistisch-leninistisch und seit 1971 maoistisch gegeben hat, inzwischen aber offensichtlich wieder eine gemäßigtere Haltung einnimmt. Ihr Ziel ist nun keineswegs eine direkte klassenkämpferische Agitation, sondern eine Revolution von oben, die mit Hilfe einer gezielten Ideologiekritik das idealistische Bewußtsein ihrer Leser zerstören soll. Das Medium hierzu ist die Literatur, die in engster Zusammenarbeit mit Linguistik, Psychoanalyse und materialistischer Philosophie selbst zu einer Wissenschaft werden soll. Dieser Anspruch auf Wissenschaftlichkeit wird immer wieder betont, und die Schreibweise von Tel Quel soll sich demnach zur klassischen, repräsentativen Literatur wie die moderne Chemie zur Alchimie verhalten.[1]

Das Ergebnis dieser Fusion von strukturalistischem und marxistischem Denken ist neben der Auffassung des literarischen Textes als einer nicht-mimetischen, dynamischen *écriture* ein vollkommen neues Menschenbild sowie ein verändertes Geschichtsdenken. Ausgangspunkt ist dabei die Nachträglichkeit eines jeglichen Erkenntnisprozesses, die zur Auflösung der Vorstellung einer statischen, in sich ruhenden Gegenwart führt. Diese Nachträglichkeit gilt nicht nur für Stimuli, die von der Außenwelt kommen, sondern auch für solche, die von inneren, psychischen Kräften ausgehen. Das Ziel dieser inneren Kräfte, der Triebe, ist die Aufhebung der Trennung des Menschen von den Dingen sowie der Trennung von der Mutter. Der Versuch, diese Ureinheit, die durch das Dazwischentreten der Sprache zerstört wird, zurückzuerlangen, ist zu einem ständigen Scheitern verurteilt, da der Mensch nur aufgrund der Sprache sich von sich selbst und den Dingen distanzieren und Bewußtsein erlangen kann. Aber trotzdem hat er in dieser Sprache keinen Platz, und seine Suche nach einer Einheit mit den Dingen treibt ihn zu einem ständigen Springen von *signifiant* zu *signifiant* (Metonymie), während ihn die Suche nach dem eigenen Ich zu einer endlosen Kette von Identifikationen (Metapher) zwingt. Am tiefsten Grund der menschlichen Erfahrung steht somit ein unabdingbarer Widerspruch, der keinerlei Aufhebung erfahren kann. Dieser von Lacan definierte Widerspruch entspricht genau dem Freudschen Antagonismus von Lustprinzip und Todestrieb. Das Lustprinzip ist hierbei jene Kraft, welche die obige Vereinigung zu erreichen sucht, aber nie bis zum letzten Ziel gelangt, weil sich ihm das Realitätsprinzip entgegensetzt. Es handelt sich hier also um ein Modell, das den Charakter einer psychoanalytischen Tiefenstruktur besitzt und als unveränderliche Konstante den Menschen strukturiert.

Die Ausarbeitung einer derartigen Tiefenstruktur und die damit verbundene Abstraktion sowie der Abstand zu konkreten gesellschaftlichen Problemstellungen rücken die Position von Tel Quel in die Nähe der Arbeiten von Lévi-Strauss und Jakobson, die sich ebenfalls um die Ausarbeitung invariabler Grundstrukturen bemühen. Handelt es sich bei den beiden jedoch um die Ausarbeitung einer fundamentalen und für alle Menschen und Gesellschaften gleichen Grundoperation der symbolischen Ordnungen,[2] so geht es Lacan und in seiner Folge Tel Quel um jene psychoanalytische Grundstruktur, die letztlich die metonymische und metaphorische Strukturierung der symbolischen Systeme bedingt.

Kann nun die Existenz dieser Grundstrukturen als einigermaßen wissenschaftlich fundiert angesehen werden, dann ist allerdings die Schlußfolgerung von Tel Quel, die Existenz solch invariabler Grundstrukturen bewirke eine Negation der Geschichte und führe zur Zerstörung der traditionellen Vorstellung eines autonomen Individuums, nur ideologisch zu rechtfertigen. Tel Quel glaubt jedoch, eine wissenschaftliche Rechtfertigung im historischen und dialektischen Materialismus zu finden: Der Antihumanismus gründet auf der Marxinterpretation Althussers und das zyklische, evolutionsfeindliche Geschichtsdenken auf dem Prinzip des Widerspruchs, welches die im Grunde immer gleichen Elemente nur in verschiedenen Konstellationen gruppiert. Den Intentionen von Marx entspricht in den Augen von Tel Quel auch jene Sprachauffassung, die der dichterischen Sprache ihren ursprünglichen Wert als Produktionsmittel zurückgeben will. Die theoretische Grundlage hierzu liefert Goux, der die symbolische Ökonomie der gleichen Analyse unterzieht, wie es Marx mit der politischen getan hat, um so mit Hilfe der von Derrida entwickelten Kategorien den Mechanismus der Unterdrückung der Sprache als einem sinngebenden Material zu entlarven. Das Aufdecken der entsprechenden Gesetze, nach denen das Sprachmaterial Sinn produziert, steht im Zentrum der Arbeiten Kristevas. Entsprechen hierbei nun die Generierungsgesetze der alogischen Satz- und Wortfolgen denjenigen der Traumsprache, dann führt die Ebene der Intertextualität zu einer verstärkten Beachtung konkreter historischer Problemstellungen, bzw. deren Widerspiegelung in der Sprache. Die ideologiekritische Dekonstruktion der sprachlichen Klischees soll dabei zu einer Bewußtseinsveränderung führen. Die Ebene der Intertextualität bezieht sich somit nicht mehr auf das Un-, sondern Unterbewußte als einer Ebene von gespeicherten Erinnerungen und Bildern und greift sogar auf die Ebene des Bewußtseins

und Denkens über, indem sie deren gesellschaftliche und ideologische Bedingtheit aufzeigt. Das titanische Unternehmen von Tel Quel zielt auf eine
Aufhebung des der psychoanalytischen Tiefenstruktur inhärenten Widerspruchs, indem die Ebene des Freudschen Es, unter Ausschaltung des Überich und der Kontrollinstanz des Realitätsprinzips, die Zerstörung der gesellschaftlichen Gesamtheit sowie des Ich bewirken und zu einer ‚wirklichen' Befreiung der Kräfte des Unbewußten führen soll. Die ‚Revolution'
ist in erster Linie eine linguistische, die bei einer Veränderung des Bewußtseins ansetzt; die anvisierte Gesellschaftsform die eines ‚Freudianischen Sozialismus'.

Die axiomatische Entwicklung von Tel Quel spiegelt sich ziemlich exakt
im Romanschaffen: In einer ersten Etappe von 1965-68 werden in den Romanen *Drame* und *Personnes* vor allem die psychoanalytischen Theorien
und deren philosophische Implikationen illustriert. Hauptthemen sind die
Auflösung des Ich in den anderen Personalpronomen und die damit verbundene Strukturierung des Ich durch die Kräfte des Unbewußten, die Unmöglichkeit einer Gegenwart, die Unfähigkeit der Sprache, die Welt adäquat zu
erfassen oder das Ich zu artikulieren. Die Romane lesen sich wie eine endlose Folge von Träumen, da die Sätze, ganz wie in der von Freud beschriebenen Traumsprache, ohne kausale Fügungen aneinandergereiht sind.

In einer zweiten Etappe 1968-70 tritt diese ja immerhin noch auf den
Menschen bezogene Problemstellung in den Hintergrund und macht der
Diskussion materialistischer und struktureller Geschichtsmodelle Platz. Auf
der Grundlage des vorher erarbeiteten Menschenbildes wird in *Nombres*
und *La „Création"* ein zyklisches Denken der ewigen Wiederkehr propagiert,
das der evolutionistischen Geschichtsauffassung des etablierten Marxismus
konträr entgegengesetzt ist.

Seit 1972 wird in *Lois* und *H* die neue Sprachauffassung illustriert, was
zu anagrammatischen, nach assoziativen und paradigmatischen Gesetzen
generierten Texten führt. Eine vorgegebene ‚Wirklichkeit' wird hier nicht
mehr ausgedrückt, und es bleibt großenteils dem Leser überlassen, eine
mögliche Sinngebung vorzunehmen. Dabei wird der doktrinäre antihumanistische Standpunkt zugunsten eines Kompromisses aufgegeben, der dem
Individuum wieder gewisse Rechte gegenüber der Kollektivität zugesteht.

Eine nähere Betrachtung der sich in den jeweiligen Etappen abzeichnenden Sprachauffassung ergibt folgendes Bild: In den beiden ersten Etappen
kann kaum die Rede von einer Verwendung der Sprache als Material sein.
Es werden vielmehr vorgegebene Ideen und Inhalte ausgedrückt. Daran
ändert auch die Tatsache nichts, daß in *Drame* und *Personnes* die Ebene des
Traums im Mittelpunkt steht, da eine Verwendung der Sprache als Material
im Traum nicht mit einem literarischen Stil, der ebenso mit der Sprache
umgeht, identisch ist: Im ersten Fall erfüllt die Literatur weiterhin eine mi-
metische Funktion, während nur im zweiten Sprache zu einem Produktionsmittel wird. Die Vermittlung der den Romanen der beiden ersten Etappen

zugrunde liegenden Modelle erfolgt in *Drame* und *Personnes* auf indirekte Weise, indem sie am Beispiel der Vorgänge des Unbewußten illustriert werden, während *Lois* und *La „Création"* direkt im Roman ein neues Modell entwickeln und explizieren. Im ersten Fall handelt es sich um eine indirekte Vermittlung vorher entwickelter Modelle und Theorien, während im zweiten Fall der programmatische und somit engagierte Charakter der Romane selbst bedeutend stärker in den Vordergrund tritt.[4] In beiden Fällen ist Sprache nicht als Material verwirklicht. Erst die anagrammatische Schreibweise von *Lois* und *H* verwirklicht Sprache als Material, indem dem Leser keine vorgefertigten, sondern erst noch zu erarbeitenden Inhalte angeboten werden. Die spielerischen Möglichkeiten der noch durch keinen eindeutigen Inhalt fixierten Sprachmaterialien müssen hier erst durch den Leser bedeutsam gemacht werden.

Tel Quel ist die Synthese seiner Axiome niemals in einem einzigen Roman gelungen. *Compact* von Roche könnte auf den ersten Blick den Eindruck erwecken, daß hier bereits 1966 Teile der späteren Entwicklung von Tel Quel vorweggenommen und in einer Synthese vereint wurden, da Roche in seinem Roman sowohl ähnliche psychoanalytische, philosophische und sprachliche Problemstellungen verbindet. Ein fundamentaler Unterschied zu den Romanen von Tel Quel besteht jedoch in der Vormachtstellung der Ebene des Überich, welche den Protagonisten über den Weg der Medien in seiner Substanz formt. Der Roman macht diese Prozesse zwar kritisch erkennbar, er versucht aber keineswegs eine Infragestellung jener Kräfte des Überich durch das freie Kräftespiel der Ebene des Es. Im gleichen Sinne versteht sich der Materialcharakter der Sprache von *Compact* und auch von *Circus* nicht als ein Instrument des Protests gegen die Vorherrschaft des *signifié*, sondern als Widerspiegelung der im Roman immer wieder angegriffenen Reklamewelt. Vorgegebener Sinn und Materialcharakter der Sprache, der den Leser zu einer Sinngebung zwingt, halten sich in beiden Romanen die Waage und bewirken eine fast klassische Einheit von ‚Inhalt und Form'.

Wenn auch zwischen den Romanen von Roche und Tel Quel in Strategie und Zielsetzung wesentliche Unterschiede bestehen, so sind doch die formalen und inhaltlichen Gemeinsamkeiten teilweise frappierend, und unsere Analysen haben gezeigt, wie nahtlos sich die Romane von Roche in die Entwicklung von Tel Quel einfügen. Roche hat sich nie theoretisch geäußert, und die einzige theoretische Formulierung, mit der er sich offensichtlich einverstanden erklärt, ist das von Faye, Montel, Paris, Robel, Roubaud und ihm in *Change* 1 (1968) verkündete Programm. Change entleiht seinen Namen dem von Marx analysierten Prinzip des Tausches und der von Lenin vertretenen Auffassung, wonach „die Aktivität des Menschen, der sich ein Bild von der Welt gemacht hat, die Wirklichkeit verändert". Ziel der „formalen Theorie oder kritischen Ideologie" von Change ist das Freilegen jener Ebene, wo sich „die Formen selbst erzeugen", um sie dann zu ändern. Die Sprache der Gruppe ist dunkel und, im Gegensatz zu Tel Quel, nicht allzu explizit. Als Beispiel hier die Leitsätze der ersten Nummer der Zeitschrift vom Juli 1968:

Formale Theorie oder ideologische Kritik, Erzählung oder Prosodie: alles, was hier geschieht, wird ein unbegrenztes Feld entwickeln, wo gewisse genaue Einschnitte von selbst ihre Wirkungen aufweisen.
Wir wohnen in den Gesellschaften der Montage. Es genügt nicht, ihre Formen zu demontieren: Man muß bis zu den Ebenen gehen, wo sie [i.e.: die Formen] sich selbst durch dieses Formenspiel erzeugen − um sie zu verändern [changer!]

Daß sich vor unseren Augen eine Gesellschaft plötzlich demontiert und ihre Funktionsgesetze bloßlegt; daß sie wunderbarerweise versucht, ihren eigenen Prozeß zu verifizieren, indem sie den Kampf der Kritik mit der Kritik ihres Kampfes verbindet: hier handelt es sich um eine Revolution, die sich anbahnt und ihre Wissenschaft neu schreibt. Aber das, was sie abgebaut hat, hat sich plötzlich auf der Straße angehäuft, in der Form eines umgestürzten Gerüstes, Stein, Eisen, Zement, Holz, Papier und sogar darübergeworfenen Gittern oder Büsten aus Marmor mit bestickten Krägen und zerbrochenen Nasen. Und auch: zerstreute Wörter, zitierte und erfundene Sätze, gesprochene Worte, Schriften, Lachen, Flammen und Schläge, Körper der Hüttenwerke und immobilisierte Fabriken, die von einem ganz neuen Volk bewohnt werden. Wo die Sprache unentwegt jedes Element dessen, was aufgehört hatte sich zu errichten, maß. Wo willkürlich Gesten versucht werden, um die Willkür der sozialen Artikulation als Repression zu messen. Willkür und Wissenschaft: alles, was versucht wurde, schwankt in diesem Zwischenraum.
Genau in diesem Raum − zwischen Aufbau und Abbau − verändert die Kritik ihren Standort, und beweist sich die Praxis, und beide sind verbissen um eine irrende Verifizierung bemüht. [. . .]

Diese Sätze beschreiben im Grunde die Situation der Literatur nach den Ereignissen des Mai 1968, und in den ersten Nummern der Zeitschrift kristallisieren sich folgende Axiome heraus: Die ganze Welt ist ein zu entzifferndes Text, der uns, ohne daß wir es bemerken, in „ein geregeltes Spiel" hineinzieht. Das Ziel ist daher, den Produktionsvorgang von Sprache und Grammatik in den Griff zu bekommen. Der Grundtenor ist auch hier, ganz wie bei Tel Quel, die kritische Untersuchung der signifikanten Praktiken, und genau dies verwirklicht Roche in seinen Romanen. Als schließlich 1970 *Change* in Opposition zu Tel Quel trat und sein Programm radikal änderte, hat Roche *Change* verlassen, was als erneuter Beweis für eine Art geistiger Verwandtschaft mit Tel Quel gewertet werden darf, ohne dabei allerdings die grundlegenden Unterschiede zu übersehen.

II. Die Stellung von Tel Quel und Maurice Roche innerhalb der französischen Literatur

Die Frage nach den wirklichen Neuerungen der Literaturtheorie und -praxis von Tel Quel und Roche soll durch eine Konfrontation mit anderen zeitgenössischen Strömungen erhellt werden. In Frage kommen hierbei der Nouveau Roman, den sich Tel Quel in seiner ersten Phase zum Vorbild genommen hatte, die Literaturproduktion der von Tel Quel abgespaltenen Gruppe

Change sowie der Surrealismus, den Tel Quel von seinen idealistischen Resten befreit zu haben glaubt.

1. Tel Quel und der Nouveau Roman

In seiner Untersuchung über den Nouveau Roman stellt Wehle bereits eine Tendenz fest, wonach der Kampf der Protagonisten in diesen Romanen sich darauf konzentriert, „ein immer geringeres Minimum an Selbstbewußtheit aufrechtzuerhalten". Die Sprache biete dabei als eine Art „beschützende Mauer" die Möglichkeit der Selbsterkenntnis, und der Schreibakt könne zu einem „Instrument gnostischer Technik" werden. (211–14) Gerade diese Möglichkeit wird bereits in *Drame* negiert, wo der letzte Rest von Selbstbewußtsein der Protagonisten verlorengeht. Die Probleme der Romane aus Phase 1 und 2 von Tel Quel sowie diejenigen von *Compact* bewegen sich gleichsam eine Stufe unter derjenigen des Nouveau Roman. Es handelt sich nicht mehr um eine ‚impressionistische' Schreibweise, sondern um die Darstellung der Entstehung der Wort- und Sprachstruktur im Menschen. Der Nouveau Roman spiegelt in sprachlicher Form den Bewußtseinsstrom wider; Tel Quel und Roche zeigen, wie das Bewußtsein durch Sprache geformt wird und ein Produkt der Sprache ist. Tel Quel und Roche erstellen kein Inventar der Bewußtseinsinhalte mehr, sondern versuchen die Tiefenstrukturen des Unbewußten zu erarbeiten, und Tel Quel will damit sogar das Bewußtsein zerstören.

Löst sich dabei im Nouveau Roman langsam die Vorstellung eines Individuums auf, weil die Sprache in einer Krise ihre Ausdruckskraft eingebüßt hat und nicht mehr benennen kann, dann vollzieht sich dieser Auflösungsprozeß des Individuums bei Tel Quel und Roche aufgrund der Erkenntnis, daß die Sprache das Bewußtsein des Menschen total bestimmt. Diese Ausgangspunkte führen bei Robbe-Grillet zu einer Enthumanisierung und bei Tel Quel sowie Roche zu einem konsequenten Antihumanismus. Robbe-Grillet legt seine Auffassung bereits 1958 in dem Aufsatz *Nature, humanisme, tragédie*[5] dar, wo er gegen den Humanismus und dessen anthropozentrisches Weltbild ankämpft, um eine Befreiung des Menschen aus dem metaphysischen Pakt mit den Dingen zu fordern. In seinen Werken ist dementsprechend eine zunehmend sadistische Tendenz festzustellen, die von der Novelle *La chambre secrète* (1962) über *La maison de rendez-vous* (1965) bis *Projet pour une révolution à New-York* (1970) verläuft.

In diesen Romanen, die inhaltlich enthumanisierende Thesen vertreten, erfüllt die Sprache jedoch eine vollkommen konventionelle Rolle. Daran ändert auch nichts die von Pollmann herausgestellte „Prädominanz sprachlicher und struktureller Indizien gegenüber den thematischen Bedeutungen"[6], da die damit verbundene Absicht letztlich immer noch die der Darstellung ist. Zwar handelt es sich im Vergleich zum traditionellen Realismus-Natura-

lismus um eine nicht-mimetische und illusionszerstörende Technik, das Ziel
ist jedoch, die Dinge entweder in ihrer Eigentlichkeit und losgelöst vom
Menschen zu zeigen,[7] oder aber, wie im traditionellen Bewußtseinsroman,
die Simultaneität der Bewußtseinsinhalte möglichst authentisch durch die
Sprache wiederzugeben. Die Zerstörung der linearen Erzählung ändert jedoch
nichts an der Abbildfunktion der Sprache, die im Nouveau Roman noch
nicht als Produktionsmittel reflektiert wird.[8] Allerdings hat auch Tel Quel
eine solche Konzeption erst nach mehreren Ansätzen verwirklichen können.
Die Produktion von Phase 1 bedeutet hierbei nichts anderes als ein Loslö-
sen der Bilderwelt des Nouveau Roman von ihrem Bezugsobjekt (référent),
einen Schritt, den Barthes als den zu einer Literatur des signifié charakterisiert hat. Die Sprache bezieht sich nicht mehr auf die konkrete Welt realer
Gegenstände, sondern wird zu einem System von möglichen Bedeutungen.
Sinn entsteht dadurch nur im Kontext der Nachbarelemente. Zweifelsohne
ist diese Tendenz auch in den jüngsten Romanen Robbe-Grillets anzutreffen, und Zeltner hat mit Recht darauf hingewiesen, daß es sich in den Romanen Dans le labyrinthe (1959), La maison de rendez-vous oder Projet
pour une révolution à New-York um ein univers ludique handelt, das bereits in Dans le labyrinthe die späteren Thesen von Tel Quel vorwegnimmt,
wonach „den sprachlichen Elementen keine genau definierbare Bedeutung
innewohnt, daß sich diese vielmehr in einem jeweiligen Bezugsfeld immer
erst konstituiert". Gerade dieser Roman war für die Entwicklung von Tel
Quel wegweisend und wurde als Illustration der „Mechanismen des Denkens" gefeiert.[9] Die Leistung von Tel Quel besteht in der theoretischen
und praktischen Ausarbeitung der Konzeption einer Sprache, welche die
„Mechanismen des Denkens" illustrieren kann. Diese Sprachkonzeption entspricht derjenigen des Traumes, der gemäß der strukturalistischen Freudinterpretation ein Beispiel dafür bietet, wie Sprache produktiv ist und Inhalte
schafft. Die sich in Dans le labyrinthe anbahnende Problematik wird so
durch Tel Quel von philosophischer, psychoanalytischer und linguistischer
Warte aus vertieft und vollkommen neu gedeutet. Aber die Literatursprache,
in der diese Prozesse des Unbewußten vermittelt werden, ist letztlich immer
noch mimetisch, und erst die anagrammatischen und alogischen Schreibweisen von Lois und H machen aus ihr ein Material, dem der Leser Sinn geben muß. Es handelt sich dabei nicht mehr um die Rekonstruktion einer
durch die simultanen Mechanismen des Unbewußten zerstückelten Aussage —
ähnlich wie bei der Deutung eines Traumes —, sondern um ein wirkliches
Konstruieren, da bei der anagrammatischen Schreibweise ein fester Sinn
vorher nicht existiert.

  Ebenso verhält es sich auch mit dem Problem der Intertextualität, die
im Grunde nichts anderes als ein Inventar der ideologisch verzerrten Bewußtseinsinhalte der Leser bedeutet. Auch Robbe-Grillet entwickelt in seinen beiden letzten Romanen eine ganz ähnliche Schreibweise, indem er sein
Material „aus dem absolut fiktiven Bereich, der sich allgemein im Kopf sei-

ner Mitmenschen befindet, aus dem Bilderbuch der zeitgenössischen Mythen"[10] entnimmt. Aber trotz der parodistischen Züge, die durch die freie Handhabung dieses Materials entstehen, bleibt Robbe-Grillet auf einer mimetischen Ebene, eben weil er die Inhalte dieser Mythen nur beschreibt. Tel Quel geht hingegen einen Schritt weiter, indem diese Inhalte nicht sprachlich wiedergegeben, sondern durch spezielle Schreibtechniken dekonstruiert und so für den Leser kritisch erkennbar gemacht werden. Auch hier ist das Vorgehen von Tel Quel bedeutend systematischer, theoretisch fundierter und vor allem radikaler.

2. Tel Quel und Change

Die von den Autoren der Gruppe Change verfaßten Romane[11] muten wie eine eigenartige Mischung von traditionellem Bewußtseinsroman, Nouveau Roman, Kriminalroman und Tel Quel an. Alle Romane von Boyer, Faye und Montel entfernen sich jedoch von einer psychoanalytischen und sprachphilosophischen Problemstellung und kehren zu einer erzählenden Fabel zurück, bei der die Sprache wieder zu einem Instrument der Darstellung und exakten Beschreibung wird.

Von diesen Romanen ist *Le carnaval* (1969) von Montel noch derjenige, der den Theorien von Tel Quel am nächsten steht und im Hinblick auf seine Personalpronomenstruktur geradezu einen Endpunkt der in Kapitel 3 aufgezeigten Entwicklung darstellt. Blieb in Romanen wie *Drame, Personnes* und *Compact* immer noch eine, wenn auch in ihrer Autonomie immer stärker erschütterte Sphäre des Ich bestehen, dann wird in *Le carnaval* dieser letzte Rest durch ein Spiel sich ständig gegenseitig ersetzender Personalpronomen aufgelöst. Diese können untereinander ausgetauscht werden, ohne daß sich etwas an dem zu erzählenden Sujet ändert. Daher kann Montel auch auf die typographische Differenzierung, wie sie in *Compact* vorliegt, verzichten, weil den Personalpronomen nicht mehr verschiedene Zeit- und Wirklichkeitsebenen zugeordnet sind. Die Hauptfigur des Romans wird in allen Personalpronomen gesprochen und verliert jegliche Identität eines Ich, das von den Ereignissen, die sich selbst zu erzählen scheinen, überrollt wird und sich in der anonymen Masse des Karnevals auflöst. Damit ist ein Punkt erreicht, an dem das Individuum als zentrale Figur aus dem Roman ausscheiden kann und der wie von selbst operierenden Sprache Platz macht:

Qui parle?
Qui décide à votre place de ce langage qui refuse d'exister autrement que par le truchement d'objets et se cache derrière eux pour pouvoir les remplacer aussitôt qu'il se sent menacé d'être découvert?
On aurait choisi de donner de soi une image dérisoire en acceptant la parole comme unique prolongement. Car dès qu'elle commence véritablement, elle a déjà cessé de lui appartenir, il ne peut donc plus la vendre. Elle développe son discours sans fin (il n'y a plus de fin) et de telle manière que l'on ne

sache plus qui parle (par sa bouche) et si ces mots tiennent encore par des fils invisibles
à un individu quelconque; s'ils disent la présence d'un homme ou son absence, une
action ou son commentaire. (118)

Wer spricht?
Wer entscheidet an Ihrem Platz über diese Sprache, die sich weigert, anders als durch
die Vermittlung von Objekten zu existieren und sich hinter ihnen verbirgt, um sie so
sofort ersetzen zu können, sobald sie sich bedroht fühlt entdeckt zu werden?
　　　　Man hätte sich dazu entschlossen, von sich
ein lächerliches Bild zu geben, wenn man das gesprochene Wort als einzige Verlänge-
rung akzeptierte. Denn sobald es wirklich beginnt, hat es bereits aufgehört, ihm wirklich zu gehören, er kann es also nicht mehr verkaufen. Es entwickelt seine Rede ohne
Ende (es gibt kein Ende mehr) und derart, daß man nicht mehr weiß, wer (durch seinen Mund) redet und ob diese Worte noch mit Hilfe unsichtbarer Fäden an einem Individuum hängen; ob sie die Gegenwart oder Abwesenheit eines Menschen, eine Aktion
oder deren Kommentar ausdrücken.

Die Problematik des Romans scheint sich so zwar auf der sprachphilosophischen Ebene von Tel Quel und *Compact* zu bewegen, aber dadurch daß die
Personalpronomen keine erzähltechnische Aufgabe (Darstellung der Mecha-
nismen des Unbewußten und der Strukturierung des Bewußtseins durch das
Unbewußte und die Umwelt) mehr erfüllen, gestaltet sich die Lektüre des
Romans letztlich einfach und enthüllt eine traditionell anmutende Themen-
stellung: Ein Mann versucht, sich an eine Frau mit dem Namen Sabine zu
erinnern, und beschreibt dabei verschiedene Etappen ihrer gemeinsamen
Geschichte, persönliche Eindrücke und Bilder von der Suche nach der Frau.
Im Mittelpunkt des Romans stehen unzählige detaillierte, ganz in der Art
des Nouveau Roman gehaltene Beschreibungen des Körpers dieser *elle*, und
der Roman endet mit einer Reise im Inneren des weiblichen Körpers. Im
Gegensatz zu *Drame, Personnes* und *Compact* steht in *Le carnaval* nicht so
sehr die Problematik einer Verbalisierung als die eines kriminalistischen
Zergliederns und Ordnens im Mittelpunkt, was den Roman — und in noch
stärkerem Maße die der anderen Autoren der Gruppe Change — in die Nähe
traditioneller Romane rückt.

3. Tel Quel und der Surrealismus

Die Gruppe Tel Quel betrachtet sich zunehmend als Erbin und Fortsetzerin
des Surrealismus, was sie jedoch nicht daran hindert, heftige Kritik an der
Entwicklung dieser Strömung zu üben. Sollers faßt das, was der Surrealismus seiner Meinung nach „erkannt-verkannt" hat, folgendermaßen zusammen:
1. So hat er zwar versucht, die Sprachprobleme vor dem Hintergrund des
Unbewußten zu fixieren, ist aber sofort in Richtung von Jung gegangen und
hat so den Ansatz von Freud verfehlt.

2. Die Leistungen der östlichen Kulturwelt sind zwar als mögliche Modelle ins Auge gefaßt worden, aber letztlich mystifiziert worden.
3. Beim Versuch, sein Verhältnis zum Marxismus abzugrenzen, ist der Surrealismus bei einem utopischen Sozialismus à la Fourier stehengeblieben, verwechselt die materialistische Dialektik mit der von Hegel, ordnet die Politik der Ethik unter und versucht, Materialismus und Idealismus zu vereinen, was geradewegs zu einem Spiritualismus führt. Am Ende steht eine „phantasmagorische Synthese", die innerhalb ihrer Ideologie keinen Platz hat für ein „organisches Experimentieren des geschriebenen Denkens (Artaud)" und „den Versuch, eine heterogene Anthropologie zu definieren (Bataille)"[12]. Tel Quel will die ‚Fehlinterpretationen' des Surrealismus berichtigen, um dessen eigentliche Absichten zu verwirklichen.[13]

Im Zentrum der Überlegungen stehen Fragen der Anthropologie und der dichterischen Sprache. Ein Vergleich mit der jüngsten Fachliteratur läßt die Verurteilung der Surrealisten durch Tel Quel doch etwas einseitig erscheinen, da die surrealistische Position nicht ganz so regressiv gesehen werden darf. So betont Steinwachs in ihrer Untersuchung über den französischen Surrealismus: „Von der Infragestellung des Bewußtseinsprimats in der automatischen Schreibweise zur wissenschaftlichen Psychoanalyse in ihrer avanciertesten — der strukturalen — Gestalt führt ein direkter Weg" (X), und auch die von ihr herausgestellte fundamentale Zielsetzung des Surrealismus: „Wo Ich war, soll Es werden" (32), ist mit derjenigen von Tel Quel identisch. Die Problematik der Beziehungen zwischen Individuum und Kollektivität ist in Tel Quel ähnlich zweideutig, wie dies Bürger für den französischen Surrealismus herausgestellt hat. Haben die Surrealisten in der ersten Phase der Bewegung „das Individuum gegen die *dictature sociale* in Schutz genommen", so wird in der zweiten durch den Kontakt mit dem Marxismus „diese radikal individualistische Position korrigiert". (101) Breton glaubt dabei nicht „an die spontane Veränderung des Bewußtseins im revolutionären Prozeß", sondern „hält es für erforderlich, nicht nur die äußeren, sondern auch die inneren Bindungen an eine regressive Gesellschaft zu lösen. Die *étude du moi* hat jetzt das Ziel, das Ich im Kollektivwesen aufzuheben, und in dieser Aufhebung würde gerade seine Freiheit bestehen". (102) Ganz ähnliche Denkansätze vertraten Sollers und Baudry in *Nombres* und *La „Création"*; ein wirklich konkretes Modell für die Lösung des Widerspruchs zwischen Gesellschaft und Individuum ist jedoch von ihnen nicht erstellt worden. Die dort erstrebte Fusion des Ich im Wir zielt auf jene Ureinheit, die durch den Akt der Menschwerdung für alle Zeiten zerstört wurde, und bleibt in ihrer antiödipalen Geste eine Utopie. Die in *Lois* eingenommene Haltung trägt dieser Einsicht Rechnung und räumt dem Individuum eine gewisse Selbständigkeit gegenüber der Kollektivität ein. Tel Quel geht somit nicht über die bereits von den Surrealisten erhobene Forderung hinaus, die soziale Revolution in Beziehung zu den wirklichen Bedürfnissen des Menschen, nämlich den Trieben, zu setzen.

Ist das Problem einer „heterogenen Anthropologie" noch weit von einer Lösung entfernt, so sind in formaler Hinsicht doch einige Fortschritte erzielt worden. Wir denken hierbei nicht nur an den Versuch, die Traumsprache auf die Literatur zu übertragen und dabei gleichzeitig gewisse psychoanalytische Modelle zu illustrieren, sondern vor allem an die anagrammatischen Schreibweisen, die in gewissem Sinne eine Rationalisierung der *écriture automatique* bedeuten. Die Assoziationsgesetze der *écriture* sind paradigmatischer Art, und die nach diesen Gesetzen kombinierende Sprache ist nicht mehr nur der Ausdruck eines Gedankendiktats, sondern will Gedanken schaffen. Das Ergebnis des nach paradigmatischen und alogischen Kombinationsgesetzen geordneten Sprachmaterials ist für Tel Quel eine inhaltslose, „desakralisierte und rhythmische Kombinatorik". Allerdings erfüllen wirklich gelungene surrealistische Texte diese Anforderung ebenfalls, wie dies eine ausführliche Analyse der Sprache der postsurrealistischen Romane Queneaus, die nach den gleichen Prinzipien wie etwa *Lois* und *H* aufgebaut sind, beweist.[14] Der wirklich eigenständige Beitrag von Tel Quel besteht einzig in der Bewußtmachung dieser Techniken und deren Rückführung auf Grundgesetze der Sprache des Unbewußten überhaupt. Tel Quel hat dabei bisher eine Abnutzung seiner Techniken vermeiden können, da niemals zwei Romane im gleichen Stil geschrieben worden sind. Sie bleiben daher, im Gegensatz zur surrealistischen Schreibtechnik, die sehr schnell zur Manier geworden ist, einzigartige und einmalige Werke.

III. Möglichkeiten und Grenzen literarischer Ideologiekritik

Mußte Althusser feststellen, daß Ideologien unumgänglich und nicht abschaffbar sind (200), so hat Habermas gezeigt, daß Ideologiekritik immer nur von einem anderen, ebenfalls ideologischen Ansatz aus möglich ist.[15] Da nun aber Ideologien immer Ideenkomplexe sind, die bestimmte Interessen vertreten[16] und in der Definition von Marx als „gesellschaftlich notwendiges falsches Bewußtsein" gelten,[17] besteht ständig die Gefahr einer Dogmatisierung, der auch Tel Quel nicht entgangen ist. Die dogmatische Position von Tel Quel ist dabei eine unter vielen innerhalb einer materialistischen Weltanschauung. Die Systeme von Derrida und Kristeva gehen zwar ebenfalls von einer materialistischen Position aus, bleiben jedoch innerhalb dieser Axiome selbstkritisch und versuchen, jeglichen Dogmatismus zu vermeiden.

Die Forderungen von Tel Quel zielen nun darauf ab, die Arbeit des Ideologiekritikers der Literatur zu übertragen.[18] Die Ideologiekritik von Tel Quel setzt dabei sowohl auf der inhaltlichen als auch auf der formalen Seite an. Die inhaltliche Kritik opponiert gegen die herrschenden anthropologischen und historischen Modelle, die durch die von Tel Quel ausgearbeiteten ersetzt werden sollen. Neben die Inhaltsvermittlung dieser neuen Mo-

delle tritt eine Kritik der sprachlichen Formen, durch welche die angegriffenen Modelle bisher vermittelt wurden. Diese Kritik geht Hand in Hand mit
der Ausarbeitung eines neuen Stils, der je nach Schwerpunkt dieser Kritik
anders geartet ist. So hat die Dezentrierung des Ich zu einem vollkommen
neuen Gebrauch der Personalpronomen geführt, und die Vorherrschaft des
signifiant und dessen alogische Kombinationsgesetze haben zuerst in einer
der Traumsprache entliehenen Schreibweise und dann in der anagrammatischen Technik ihren Ausdruck gefunden. Die dekonstruierende Intertextualität macht schließlich eine kritische Analyse der semantischen Elemente der
Alltagssprache möglich.

In den Romanen kann die Vermittlung der neuen Modelle auf indirekte
oder direkte Weise erfolgen. Bei einer indirekten Illustration muß der Leser
aufgrund formaler Merkmale das dahinterstehende Modell erschließen, während eine direkte Illustration das Modell im Roman selbst entwickelt und
theoretisch fundiert. Tel Quel hat seinerseits immer wieder betont, daß in
der von ihm geschriebenen Literatur der formale Aspekt im Mittelpunkt
stehen solle, zumal es der immer wieder betonte Materialcharakter der
Sprache nicht erlaubt, bereits bestehende Ideen auszudrücken, wie dies die
theoretische Darlegung eines Modells erfordern würde. Wenn auch Tel Quel
diese Forderung nie erfüllt hat, so ist der Ausgangspunkt der Überlegungen
doch der Unterschied zwischen direkter und indirekter Schreibweise, die
dem von Schmidt herausgestellten Unterschied zwischen „ästhetisch" und
„begrifflich-diskursiv" entspricht. (148) „Ästhetisch" wäre die indirekte,
auf die formale Ebene verlagerte Illustration eines Modells, während „be-
grifflich-diskursive" Literatur in die Nähe einer wissenschaftlichen und
thesenhaften Abhandlung zu rücken wäre. Da aber offensichtlich eine
ästhetische Schreibweise ohne ein sie konstituierendes, begrifflich-diskursi-
ves Modell, sei es bewußt oder unbewußt, nicht möglich ist, erhebt sich
nicht nur die Frage nach der Beziehung zwischen den beiden Ebenen, sondern
auch nach dem Sinn des ästhetischen ‚Umwegs'.

Schmidt definiert die Theorie als die „Ikonographie" (175) der konkreten Kunst, und der Leser muß, will er etwa konkrete Dichtung verstehen,
auch von den theoretischen Schriften Kenntnis haben. Tel Quel fordert
zwar ebenfalls eine solche Zweiteilung, nimmt in der Praxis aber immer
wieder Abstand davon und vermischt die beiden Ebenen, was aber auch
hier den Leser nicht davon entbindet, die rein theoretischen Texte genau
zu kennen. Für den Schriftsteller selbst werden theoretische Kenntnisse
und Arbeiten zu einer vorrangigen Aufgabe. Sollers bezeichnet die Philosophie als das „Verdrängte" der Literatur, wobei die Rolle der Literatur aber
nicht nur eine passive sei, sondern der Philosophie jenes „Imaginäre" zurück-
gebe, mit dem sie sich nicht beschäftigen könne. In einem dialektischen
Prozeß sollen sich dabei Psychoanalyse, Linguistik und marxistische Philosophie gegenseitig ergänzen, während der Literatur die Aufgabe zukommt,
„den Prozeß, wo die Sprache materiell in der Geschichte erzeugt und um-

geformt wird" zu beleuchten.[19] Literatur ist somit nicht mehr ein unnöti-
ger Umweg, sondern erfüllt eine wichtige Aufgabe, indem sie eine neue, den
wissenschaftlichen Erkenntnissen gemäße sprachliche Ebene schafft.
Literarische Ideologiekritik wird somit erst von einer avancierten wissenschaftstheoretischen Position aus möglich, und es sind nicht so sehr gesellschaftliche Faktoren als wissenschaftliche und geistesgeschichtliche
Entwicklungen, die bei der Theorienbildung avantgardistischer Kunst aus-
schlaggebend sind. So haben die realgeschichtlichen Ereignisse des Mai 68
die Position von Tel Quel nur klären geholfen, aber nicht wesentlich beeinflußt, da die theoretischen Arbeiten von Tel Quel bereits zu diesem Zeitpunkt abgeschlossen waren und eher umgekehrt als Entwicklungsstadium
auf dem Weg zu den Ereignissen auf der politischen und gesellschaftlichen
Bühne angesehen werden könnten. Wesentlich für die Entwicklung von Tel
Quel waren vielmehr die theoretischen Arbeiten Derridas, Foucaults und
Lacans sowie die Marxinterpretation Althussers, ja selbst der Stil der Romane ist von solchen theoretischen Positionen aus geformt worden (einerseits von den Analysen Lacans der Gesetzmäßigkeiten der Traumsprache
und andererseits von den semiotischen Arbeiten Kristevas). Tel Quel bietet
somit gleichzeitig ein hervorragendes Beispiel dafür, wie die Theorie zur Ausbildung einer neuen Praxis führen kann. Natürlich wäre auch eine formali-
stische Interpretation möglich, wonach die objektale Kunst des Nouveau
Roman von einer psychoanalytischen Gegenbewegung abgelöst wurde. Die
Analyse der Entwicklungen von Tel Quel hat jedoch gezeigt, daß die Gründe für einen solchen Wandel nicht allein auf der Ebene literarischer Tradi-
tionen liegen, sondern primär auf der dahinterliegenden geistesgeschichtlichen Ebene (nämlich der im ersten Kapitel skizzierten Erstellung neuer
Denkmodelle) zu suchen ist, wobei die von dort ausgehenden Impulse zu
einer Veränderung der Sehweisen führen, da die bestehenden Modelle der
Welterklärung durch neue abgelöst werden. Inwieweit der Wechsel dieser
philosophischen und naturwissenschaftlichen Modelle den Gesetzmäßigkeiten von Bewegung und Gegenbewegung folgt, muß ebenso dahingestellt
bleiben wie die Frage nach deren Verhältnis zur jeweiligen sozialen Basis,
auf der sie entstanden sind. Die spezifische Wirkungsweise avantgardistischer Kunst äußert sich im Falle von Tel Quel in der Übertragung solch
neuer Modelle in den Bereich des Ästhetischen, um über diesen ‚Umweg' in
das Wirklichkeitsverhältnis der Leser einzugreifen,[20] wobei das Schwergewicht entweder auf der mehr diskursiven Vermittlung des neuen Gedanken-
gutes oder aber auf der Schaffung einer ihm adäquaten Sprache liegen kann.
    Literatur kann aber nicht nur dann emanzipatorisch genannt werden,
wenn sie ein neues Modell der Wirklichkeitserfassung illustriert oder erar-
beitet, sondern auch dann, wenn sie ein solches Modell ‚intuitiv' entwickelt
oder aber auch nur die bestehende Wirklichkeit kritisch erkennbar macht.
Bestes Beispiel hierfür ist Roche, der als reiner Praktiker ein Literaturmo-
dell geschaffen hat, das viele Aspekte der Theorie von Tel Quel vorweg-

nimmt. Ein wesentlicher Unterschied besteht aber darin, daß Roche nicht von einer doktrinären Gegenbasis aus schreibt und eine neue Welt entwirft, sondern die bestehende Ordnung mit impressionistischen Stilmitteln reflektiert und so kritisch erkennbar macht. Das Werk von Roche zählt somit ebenso wie die Arbeiten von Tel Quel zu einer emanzipatorischen Literatur, da sie alle zu einem neuen Wirklichkeitsverständnis führen und helfen, die etablierten Modelle ideologiekritisch zu durchleuchten. Tel Quel geht in diesem Unterfangen einen wesentlichen Schritt über Roche hinaus, eben weil die ,revolutionäre' Schreibpraxis von Tel Quel aufgrund der Übernahme wissenschaftlicher Denkansätze ein direktes Gegenmodell entwirft.

Emanzipatorisch sind die Romane von Tel Quel und Roche jedoch nicht nur aufgrund der direkten oder indirekten Erstellung einer kritischen Theorie, sondern auch der damit verbundenen neuen Sprache, welche die Romane von einer wissenschaftlichen Abhandlung unterscheidet. Verallgemeinernd läßt sich sagen, daß nur das gemeinsame.Auftreten dieser beiden Faktoren dazu berechtigt, von emanzipatorischer Literatur zu reden, da das Fehlen eines dieser Elemente entweder dem Kunstcharakter schaden oder ihn überbetonen würde. Eine solche Deutung hätte den Vorteil, daß die Standpunkte von Jauß, Neuschäfer und Pollmann auf einen Nenner gebracht wären: Jauß und ebenso Neuschäfer sehen emanzipatorische Literatur als eine Literatur, ,,die des Lesers durch die herrschenden Gegebenheiten normierte Weltauffassung in Frage stellt" (Jauß, 178), während Pollmann dieser Auffassung entgegenhält: ,,es ist durchaus denkbar, ja der Fall ist gar nicht so fernliegend, daß emanzipatorische Betriebsamkeit eine Forderung des Erwartungshorizontes wird, man beispielswiese von einem guten Roman ein revolutionäres oder pseudorevolutionäres Klima erwartet, daß also Emanzipation ein lukratives Konsumgut der Gesellschaft wird"[21]. Für Pollmann sind daher die Merkmale der ,,Vieldeutigkeit, unendlichen Interpretierbarkeit, des Schöpfungscharakters, der Beunruhigung und Freisetzung des Denkens" (107) die ausschlaggebenden Kriterien. Eine wirklich umfassende Definition emanzipatorischer Literatur scheint, unter Berücksichtigung der in diesem Begriff angelegten Teleologie, nur in einer Verbindung dieser beiden Elemente möglich, da die sprachliche Polyvalenz durchaus eine regressive Ideologie verbergen kann, während eine reine Weltauffassung auch — und oftmals viel expliziter — in Texten, die keinen Kunstcharakter beanspruchen, vermittelt werden kann.[22] Genau diesen doppelten Ansatzpunkt übersieht Vormweg, wenn er die Zukunft der Literatur einzig im Sprachspiel sieht.[23] Der Anspruch von Tel Quel und, wenn auch mit anderer Zielsetzung, der konkreten Dichtung ist aber gerade die Integration von Wissenschaft und Literatur.

Die spezifisch ideologiekritische Arbeit der Literatur setzt für Tel Quel auf der sprachlichen Ebene an. Das Ziel ist dabei in einem ersten Schritt eine Bewußtseinsveränderung des Lesers im Sinne einer marxistisch-leninistischen Ideologie, was dann in einem zweiten Schritt zu einer direkten sozialen Veränderung führen soll. Es handelt sich somit um eine Revolution von oben, die bei der Kommunikationssphäre ansetzt. Diese Auffassung deckt sich in ihrer Vorgangsweise weitgehend mit den Überlegungen von Habermas, wonach Gesellschaft und Staat nicht länger in einem Verhältnis von Basis und Überbau stehen, weshalb eine kritische Theorie der Gesellschaft auch nicht mehr in der ausschließlichen Form einer Kritik der politischen Ökonomie durchgeführt werden könne.[24] Durch eine wachsende Interdependenz von Forschung und Technik würden die Wissenschaften nicht nur zur ersten Produktivkraft, sondern auch Ausdruck eines neuen Legitimationsbedürfnisses der interventionistischen politischen Herrschaft, deren spezifische Verhaltensweise sich durch eine Beschränkung auf „administrativ lösbare Aufgaben" unter Einschränkung der „praktischen Gehalte" auszeichne. (78) Ziel sei dabei das Funktionieren eines gesteuerten Systems, in welchem die politische Öffentlichkeit funktionslos würde. Die Folge daraus ist für Habermas die „Eliminierung des Unterschieds von Praxis und Technik". „Praxis" bedeutet Sprache als eine „durch umgangssprachliche Kommunikation bestimmte Form der Vergesellschaftung und Individuierung", die die „Intersubjektivität der Verständigung" und die Herstellung einer von „Herrschaft freien Kommunikation" garantieren könnte. Da das technokratische Bewußtsein „dieses praktische Interesse hinter dem an der Erweiterung unserer technischen Verfügungsgewalt verschwinden [lasse]" (91), fordert Habermas eine „Entschränkung der Kommunikation" (98) und trifft sich hier sowohl mit den Forderungen Kristevas und Tel Quels als auch denen der konkreten Dichtung. Fordert nun aber die konkrete Dichtung, auf der Grundlage einer antisentimentalen und antisubjektivistischen materialistischen Sprachauffassung, eine ‚demokratische' Grundhaltung, indem Sprache nur „im Zustand der Möglichkeit" verwendet werden soll, wodurch „Sprache als Mechanismus der Wirklichkeitskonstitution und der sozialen Beeinflussung permanent in Frage gestellt wird",[25] dann will Tel Quel nur eine vorübergehende „Entschränkung der Kommunikation", während das Endziel offensichtlich eine totalitäre und von einer einzigen Wahrheit beherrschte Sprache ist. Diese Zielsetzung bringt Sollers deutlich zum Ausdruck, wenn er vom „Übergang der kapitalistischen in eine sozialistische Produktionsweise"[26] spricht, wobei der rechtzeitigen Umformung der Sprache ebensoviel Wichtigkeit beigemessen wird wie der sozialen Revolution, da nur so die Schaffung einer Infrastruktur möglich werde, die ein „Versumpfen" der Revolution in einer „kleinbürgerlichen Phase" verhindern könne.[27] An diesem Punkt müßte nun die Arbeit des Ideologiekritikers ansetzen und seinerseits die versteckten Interessen des ideologiekritischen Ansatzes von Tel Quel kritisch unter die Lupe nehmen.[28]

Tel Quel richtet sich an ein ganz bestimmtes Publikum, das, wenn es auch nicht mehr bürgerlich ist, zumindest aus diesen Kreisen stammt, und es erhebt sich nun die Frage, wie sich das Modell von Tel Quel zu der kritisierten spätbürgerlichen Gesellschaft verhält. Geht man dabei von der These einer Homologie der Strukturen im literarischen Werk und der sie bedingenden Gesellschaft aus, dann könnte man zu einem Ergebnis kommen, das der von Goldmann durchgeführten Analyse des Nouveau Roman sehr ähnlich wäre, und wonach die Entpersönlichung und Verdinglichung der menschlichen Beziehungen als Ausdruck des spätbürgerlichen Monopolkapitalismus zu begreifen wären.[29] Auch die bereits zitierten Angriffe gegen den Strukturalismus bewegen sich in ähnlichen Termini.[30] Eine solche Homologie ist um so überraschender, als doch die Zielsetzungen und Vorgangsweisen von „Monopolkapitalismus" und Tel Quel diametral entgegengesetzt scheinen. Aber dieser Gegensatz ist tatsächlich trügerisch, was sich am Beispiel des Antihumanismus besonders gut verdeutlichen läßt: Für Tel Quel ist der bürgerliche Humanismus ein ideologisches Konzept, das in Wirklichkeit der Verschleierung der „Arbeitskraft, der Gesamtheit der sozialen Beziehungen, des Unbewußten und der Produktivität der Sprache" dient.[31] Der bürgerliche Humanismus und mit ihm der Individualismus wären somit als Deckmantel für wirtschaftliche Ausbeutung und die Versachlichung der zwischenmenschlichen Beziehungen entlarvt. Die Reduktion der Ordnung auf das Individuum könnte dahingehend interpretiert werden, daß Fehler als individuelles Versagen erscheinen, wodurch ein Einfrieren der gesellschaftlichen Verhältnisse bewirkt werde. Durch die Eliminierung des Hindernisses „Individuum" glaubt nun Tel Quel, eine bessere Gesellschaft verwirklichen zu können, führt jedoch mit seinem radikalen Antihumanismus zu fatalistischem Pessimismus und Aktionslosigkeit. Zwischen der Entpersönlichung im spätbürgerlichen Kapitalismus und der von Tel Quel entworfenen Gesellschaft besteht kein wesentlicher Unterschied, da es in beiden Fällen zu einer funktionalistischen Unterordnung des Individuums kommt.

Bevor wir die rezeptionsästhetische Problematik dieser Homologie erläutern, soll noch einmal auf die eigentümliche Abstraktheit und Zeitlosigkeit des gesellschaftlichen Modells von Tel Quel hingewiesen werden. So scheint die neue antihumanistische Gesellschaft kollektiv und entsublimiert. Da es den Begriff eines Ich nicht mehr gibt, wird auch die Frage nach der funktionalistischen Unterordnung des einzelnen unter die Gemeinschaft überflüssig, da eine solche Frage eben nur von einer ,humanistischen' Position aus gestellt werden kann. Mit dem Begriff des Individuums fallen dann auch automatisch die Vorstellungen von Erotik, Besitz des Körpers sowie die ödipalen Tabus. Das Fehlen einer direkten gesellschaftlichen und historischen Bezugnahme, der Rückgriff auf die Vorstellung einer materialistischen Tradition und die Verlagerung des Schwergewichts auf eine zeitlose mythische Ebene laufen Gefahr, zu einer neuen Rechtfertigungsideologie für naturgesetzliche Handlungsabläufe zu werden. Nun könnte man aber diesen Rückgriff auf Mythos und kabbalistische Mikro- und Makrokosmos-Vorstellungen als den Versuch deuten, „der Zusammenhänge erneut habhaft zu werden", denn das „Spezialistentum läßt den einzelnen die Totalität der Gesellschaft nicht mehr erkennen"[32]. Die Gefahr eines solchen Unternehmens liegt aber gerade im Totalitätsanspruch geschlossener Systeme der Welterklärung, die sich letztlich immer wieder als versteckte Interessen entpuppen und mit dem materialistischen Denken der *différance* Derridas unvereinbar sind. In den Romanen von Phase 3 nimmt Tel Quel zwar Abstand von diesen geschlossenen Systemen, die mitsamt Linguistik und Psychoanalyse verworfen werden, um einer anagrammatischen Schreibweise Platz zu machen, die dort, wo sie konsequent realisiert wird, einem Denken der *différance* bedeutend näherkommt. Der Text von *Lois* und *H* wird so zu einer „Szene, auf der die philosophischen und politischen Widersprüche der Gegenwart ausgetragen werden",[33] aber durch eine einseitige Parteinahme wird das Ganze letztlich doch wieder ideologisiert und verfällt somit in das andere Extrem der von Tel Quel kritisierten Gesellschaft.

Das Problem einer Homologie der Strukturen zwischen kritisierter Gesellschaft und dem von Tel Quel entworfenen Modell führt zu der Frage, ob avantgardistische Literatur „nur das schlechte Bestehende bestätigt, indem sie es darstellt, oder ob sie es kritisch erkennbar macht"[34]. Wählt man dabei als Ausgangspunkt die Zielsetzung von Tel Quel, scheint die Antwort vorgegeben zu sein, zumal nicht nur ein kritisches Erkennbarmachen, sondern auch eine direkte Revolution von Tel Quel angestrebt werden. Es stellt sich jedoch die Frage nach der Eindeutigkeit dieser Absicht, d. h. ob sie nur in Verbindung von Theorie und Praxis oder aber auch in den Romanen allein erkannt werden kann. Sollte dies nicht der Fall sein, dann ergibt sich das Problem, ob auf der Grundlage der homologischen Widerspiegelung der bestehenden Verhältnisse in der spätkapitalistischen Gesellschaft eine andere, vielleicht nicht von Tel Quel gewünschte kritische Wirkung möglich ist. Ausgangspunkt unserer Überlegungen ist hierbei die von Tel Quel immer wieder geforderte aktive Beteiligung des Lesers, der alleine dem Text Sinn geben kann, was bedeutet, daß auch die Kritik nur potentiell in den Texten angelegt ist, ihre Verwirklichung jedoch einzig vom Leser abhängt.

Durch die Techniken der anagrammatischen Schreibweise werden Sprache und Vokabular bewußt verfremdet, und durch die ‚Unleserlichkeit' der *écriture* wird bewußt Position gegen die abendländische Schreibauffassung bezogen. So betrachtet Sollers die in den Text von *Nombres* eingestreuten chinesischen Ideogramme als bewußte Provokation des Lesers, um ihn darauf aufmerksam zu machen, daß es auch andere Möglichkeiten der Notierung und Lektüre als die lineare gibt.[45] Es handelt sich jedoch nicht um den surrealistischen Versuch, das Kunstwerk als Negation des bestehenden Kommunikationssystems dem Marktgesetz zu entziehen — Tel Quel verkauft sich vielmehr sehr gut —, sondern um ein Modell, das die Beziehung Literatur-Leser neu zu definieren sucht, indem es aus dem Akt des Lesens nicht ein mechanisches Entziffern eines vorgegebenen Inhalts macht, sondern einen kreativen Akt, der dem Leser die Möglichkeit gibt, selbständig den Text in seiner Polyvalenz zu deuten, um so an der Erschaffung von Sinn mitzuarbeiten. Aus dem passiven Akt des Lesens soll eine aktive Literaturpraxis werden. Aber an dieser Stelle taucht der gleiche Gegensatz auf, den Benjamin bereits zwischen der Vermassung und Aufnahmeunfähigkeit einerseits und der als kritische Haltung gedachten Zerstreuung des Lesers andererseits formulierte (37,48), denn die angestrebte Literaturpraxis von Tel Quel setzt ebenfalls einen menschlichen und individuellen Freiheitsraum voraus, der verschiedene Deutungen überhaupt erst ermöglicht. Eine solche Haltung verträgt sich allerdings schlecht mit dem dogmatischen Antihumanismus und hat offensichtlich in *Lois* und *H* zu einer gemäßigteren Position beigetragen. Aber auch die immer wieder geforderte Literaturpraxis ist nicht mit dogmatischen Ideologien vereinbar und wird durch das unverhohlene Mißtrauen, das vor allem Sollers den vielfältigen Deutungsmöglichkeiten des anagrammatischen Textes entgegenbringt, stark beeinträchtigt. Die Folge davon ist jene Mischung von ästhetischen und philosophisch-diskursiven Schreibweisen, die einen Mechanismus zur Beeinflussung des Lesers bildet. Neben das Paradoxon von Literaturpraxis und Antihumanismus tritt dasjenige von anagrammatischer Schreibweise und der Vermittlung von Dogmen. Das Ideal Kristevas oder der konkreten Dichtung wird somit nicht erreicht. Ein wesentlicher Grund dafür dürfte allerdings auch darin zu suchen sein, daß die anagrammatische Schreibweise nicht mehr wie die konkrete Dichtung unterhalb der Satzebene bleibt, sondern größere syntaktische Einheiten umfaßt, wodurch bedeutend mehr Inhalt intendiert wird. Bei der Intertextualität ist die Thematik geradezu vorgeschrieben, und es liegt in der Natur dieser Schreibweise, daß der Freiheit des Lesers weniger Raum als in konkreter Dichtung bleibt.

Will Tel Quel ungewollten Interpretationen vorbeugen, so liegt der Grund dafür darin, daß auch in dieser nichtkonformen Interpretationsmöglichkeit ebenfalls eine ideologiekritische Brisanz stecken könnte, die aber gegen Tel Quel gerichtet wäre. Geht man nämlich von der Homologie der Strukturen zwischen den Romanen von Tel Quel und der spätbürgerlichen Gesellschaft aus, dann könnte im Leser ein Bewußtwerdungsprozeß einsetzen, der auf der Grundlage der Romane zu einer kritischen Analyse der den Leser umgebenden Wirklichkeit führen würde. Die Kritik wäre dann jedoch nicht in der Übernahme der antihumanistischen Position von Tel Quel zu suchen, sondern könnte ganz im Gegenteil zum Überdenken der Problematik des Verhältnisses Individuum-Kollektivität anregen und darüber hinaus zu einer kritischen Analyse des abendländischen Humanismus zwingen. Unter voller Einbeziehung der ideologiekritischen Ansätze von Tel Quel könnte dabei versucht werden, dem ideologischen Humanismusbegriff, der letztlich nur der Verschleierung von Herrschaftsverhältnissen geistiger und materieller Art dient, einen wissenschaftlichen gegenüberzustellen. Gegen den wissenschaftlichen Antihumanismus von Tel Quel könnte so eine wissenschaftliche Fundierung des rechtlichen Individualismus gefunden werden, wie sie Legaz y Lacambra versucht.[47] Eine solche Entwicklung der Interpretation des Lesers wäre jedoch nicht im Sinne von Tel Quel, und eben diese Gefahr

einer ,Fehlinterpretation' hat zu der Mischung von ästhetischen und diskursiven Schreibweisen geführt. Die Möglichkeiten eines wirklich freien Kom-
munikationsspiels werden somit nicht verwirklicht. Der Grund für das Scheitern dieses Unternehmens liegt in dem Dilemma, daß Tel Quel von seiner
materialistischen Ausgangsbasis der Gesetze des Widerspruchs zu einer
Sprachauffassung gelangt, die aus der Literatur einen anagrammatischen
Text werden läßt, die Polyvalenz dieses Textes aber nur von einem Leser,
der die Möglichkeit einer individuellen und freien Entscheidung hat, in Sinn
überführt werden kann. Da nun aber dieser Leser noch nicht in der von Tel
Quel geforderten Einheitsnorm denkt, besteht die Gefahr, daß die eigentliche Absicht dieser Schreibweise, nämlich die Zerstörung von Sinn, Individuum etc., nicht erkannt wird. Der Versuch, in einen anagrammatischen
Text dementsprechende ,Erklärungen' einzubauen, bedeutet jedoch eine
Aufhebung dieser Schreibweise, da die Polyvalenz dadurch unsinnig und
nutzlos wird. Aus dem Akt des Lesens kann somit auch kein schöpferischer
Akt der Literaturpraxis werden und von einer *écriture* im Sinne Derridas
kann nur in beschränktem Maß die Rede sein.

Trotz dieser Einschränkung bleibt das von Tel Quel entwickelte Modell
ein gezieltes Instrument literarischer Ideologiekritik, gerade weil es, wenn
auch gegen den doktrinären Willen seiner Autoren, verschiedene ideologiekritische Positionen erlaubt. Für die Romane von Roche ist eine solche
,demokratische' Position charakteristisch, und ihre Interpretationsmöglich-
keiten sind vollkommen offen. Zentraler Kern ist jedoch in beiden Fällen
die Auffassung der ,Revolution' als einer Ausdrucksfrage, wodurch dem
Medium Buch eine überaus wichtige Rolle zukommt. Wird es bei Roche
noch zusätzlich zu einem Element, das auf besondere Weise den Blick be-
ansprucht, so gilt für alle hier besprochenen Romane, daß sie dazu geeignet
sind, den Leser aus jenem ,,zweiten Analphabetentum"[37] herauszureißen,
welches darin besteht, die netzartigen Beziehungen der sprachlichen Zeichen aufgrund der Einengung durch eine lineare Schreibweise und Lektüre
nicht ,lesen' und die hinter diesem linearen Modell stehenden ideologischen
Implikationen nicht erkennen zu können. Im Gegensatz zu politischen und
anderen ideologischen Sprachen aktiviert diese neue poetische Sprache die
Skala aller Möglichkeiten und kann so den Leser aus den linguistischen
Zwängen der Alltagssprache befreien und ihm gleichzeitig die sprachliche
Bedingtheit eines jeden Erkenntnisaktes zu Bewußtsein bringen.

Anmerkungen

1 Sollers, ,,Thèses générales", 98.
2 Als beispielhafte Analyse hierfür können von Lévi-Strauss, ,,Le triangle culinaire",
in *L'Arc* 26 (1968), 19-29, und von Jakobson die Untersuchungen über die Aphasie ,,Deux aspects du langage et deux types d'aphasie", in: *Essais de linguistique
générale*, Paris 1963, 43-67 gelten.

3 Zu den konkreten gesellschaftspolitischen Aspekten dieses Vorgehens vgl. Kap. 4, II, 2.

4 Ein Vergleichsbeispiel aus dem französischen Realismus-Naturalismus bieten für den ersten Fall Flauberts *Madame Bovary* und für den zweiten Zolas *Thérèse Raquin*.

5 in: *Pour un nouveau roman*, 55-84.

6 Pollmann, *Der französische Roman*, 137.

7 Vgl. Robbe-Grillet, *Pour un nouveau roman*, 151.

8 Vgl. unsere Interpretation von Robbe-Grillet, *La chambre secrète* sowie die Diskussion seiner Sprachauffassung in unserer Interpretation von *L'intermédiaire*, (Sollers) in: Krömer (Hg.), *Musterinterpretationen zur französischen Novelle*, Düsseldorf 1975.

9 Vgl. Kap. 2, I.

10 Zeltner, 64.

11 Vgl. Kap. 2, I, Fußnote 10.

12 Sollers, „Thèses générales", 96/97.

13 Vgl. *Tel Quel* 46 (1971), das ausschließlich der Auseinandersetzung mit dem Surrealismus gewidmet ist.

14 Vgl. Kenner.

15 Habermas, *Technik und Wissenschaft als Ideologie*, 72.

16 Vgl. Mannheim, 18: Er unterscheidet zwischen einem „partikularen" Ideologiebegriff, der den Gegner entlarvt, indem er das Interesse hinter seinen Ideen nachweist, und einem „totalen", der zugibt, daß jedem Ideengebäude ein bestimmtes Interesse entspricht. Als Beispiel für den letzten Fall kann die kommunistische Ideologie gelten, da sie sich a priori als Produkt eines Interesses, nämlich des proletarischen, bekennt.

17 Vgl. Schnädelbach, 83: „Der Terminus ‚gesellschaftlich notwendig' bedeutet nicht einen naturgesetzlichen Zwang zum falschen Bewußtsein, sondern eine objektive Nötigung, die von der Organisation der Gesellschaft selbst ausgeht. Sie entsteht, wenn die Gesellschaft den Individuen anders erscheint, als sie in Wahrheit ist, wenn bestimmte Oberflächenphänomene die innere Organisation verdecken; der ideologische Schein ist ein objektiver Schein, weil die Divergenz von Wesen und Erscheinung der Gesellschaft genetisch auf den Widerstreit zwischen Produktivkräften und Produktivverhältnissen zurückverweist."

18 Eine ausführliche Darstellung der ideologiekritischen Positionen in Soziologie, Linguistik und Literaturwissenschaft bietet C. Bürger.

19 Sollers, „Thèses générales", 97/98.

20 Dieser Aspekt gibt bei Lukács einen Maßstab für die Bewertung literarischer Werke ab, die danach beurteilt werden, inwieweit „der gesellschaftliche Prozeß zur Bewußtheit" erhoben wird. (222)

21 Pollmann, „Trivialroman und Kunstroman", 103.

22 Die Frage, welcher dieser beiden Faktoren bei der Ausbildung einer neuen Literatur dominiert, ist schwer zu beantworten. Für Roman und Theater scheinen weltanschauliche Momente ausschlaggebender. Wir haben einen solchen Fall eindeutig für das spanische Theater des 17. Jh.s nachgewiesen (Vgl. unsere Arbeit: *Zwischen göttlicher Gnade und menschlicher List, Problemkreise und Handlungsaufbau des spanischen Theaters im 17. Jh.*, Berlin 1975, und hoffen, demnächst unter dem Titel *Erkenntnistheoretische Grundlagen des französischen Realismus-Naturalismus* diese Problematik für den französischen Roman des 19. Jh.s klären zu können.

23 Vormweg, *Eine andere Leseart*, 195-208.

24 Habermas, *Technik und Wissenschaft als Ideologie*, 75.

25 Schmidt, 116, 154.

26 Sollers, „Thèses générales", 97.

27 Sollers, „Réponses", 76.

28 **Vgl.** die Analyse von Meschonnic, 67: Er erhebt den Vorwurf, Tel Quel sei idealistisch, antidialektisch, akademisch und „sowohl die thematische Vorherrschaft der Sexualität als auch das grobe Vokabular definieren sozial **und** politisch ein Verhalten, das typisch bürgerlich, christlich und reaktionär ist".
29 **Vgl.** Goldmann.
30 **Vgl.** Schiwy, *Neue Aspekte*, 63.
31 Sollers, „Réponses", 76.
32 **P.** Bürger, 195/6.
33 Sollers, „Thèses générales", 96.
34 **P.** Bürger, 180.
35 **Vgl.** „Ecriture et révolution", 76-78.
36 Die Problematik der heutigen Situation sieht Lacambra darin, daß der Mensch „mehr Gleichheit als Freiheit, mehr Sicherheit als Gerechtigkeit" begehrt, und die Bequemlichkeit höher als geistige Freiheit veranschlagt wird (176); eine Entwicklung, deren Hintergründe von Habermas in *Technik und Wissenschaft als Ideologie* analysiert werden. Die Problematik der Krise des Individuums behandelt Habermas, ohne zu einem Schluß zu kommen, in: *Legitimationsprobleme im Spätkapitalismus*, 162-178.
37 Ricardou, *Problèmes du nouveau roman*, 64.

Literaturverzeichnis

Primärliteratur

BAUDRY, JEAN-LOUIS
Les images, Paris 1963.
Personnes, Paris 1967.
La „Création". Premier état: l'année, Paris 1971.
„Ecriture, fiction, idéologie", in: *Théorie d'ensemble*, Paris 1968, 127-147.
„Freud et la création littéraire", in: *Théorie d'ensemble*, Paris 1968, 148-174.

BOYER, PHILIPPE
Mots d'ordre, Paris 1969.
„Le désir à la lettre", in: *Change* 2 (1969), 127-148.

BUTOR, MICHEL
La modification, Paris 1957. Deutsch: *Paris - Rom oder Die Modifikation*, München 1958; Frankfurt 1973.
Mobile, Paris 1962.
Description de San Marco, Paris 1963. Deutsch: *Mobile, Beschreibung von San Marco*, Frankfurt 1966.
Repertoire, Bd. 2, Paris 1964. Deutsch: *Probleme des Romans*, München 1965.

ELIZONDO, SALVADOR
Farabeuf o la crónica de un instante, Mexico 1965. Deutsch: *Farabeuf oder die Chronik eines Augenblicks*, München 1969.

FAYE, JEAN-PIERRE
Entre les rues, Paris 1958.
La cassure, Paris 1961.
L'écluse, Paris 1964.
Analogues, Paris 1964.
Les Troyens, Paris 1970.

FRISCH, MAX
Mein Name sei Gantenbein, Frankfurt 1964.

GUYOTAT, PIERRE
Tombeau pour cinq cent mille soldats, Paris 1967.
Eden, Eden, Eden, Paris 1970.

MONTEL, JEAN CLAUDE
Les plages, Paris 1968.
Le carnaval, Paris 1969.

RICARDOU, JEAN
L'observatoire de Cannes, Paris 1961.
La prise de Constantinople, Paris 1965.
Problèmes du nouveau roman, Paris 1967.
Les lieux-dits, Paris 1969.

ROBBE-GRILLET, ALAIN
Pour un nouveau roman, Paris 1957. Deutsch: *Argumente für einen neuen Roman*, München 1965.
Instantanes, Paris 1962. Deutsch: *Momentaufnahmen*, München 1963.
Dans le labyrinthe, Paris 1959. Deutsch: *Die Niederlage von Reichenfels*, München 1960.
La maison de rendez-vous, Paris 1965. Deutsch: *Die blaue Villa in Hongkong*, München 1966.
Projet pour une révolution à New York, Paris 1970. Deutsch: *Projekt für eine Revolution in New York*, München 1974.

ROCHE, MAURICE
Compact, Paris 1966. Deutsch: *Kompakt*, Köln 1972.
Circus, Paris 1972.
CodeX, Paris 1974.

SOLLERS, PHILIPPE
Le parc, Paris 1961. Deutsch: *Der Park*, Frankfurt 1963.
L'intermédiaire, Paris 1963.
Drame, Paris 1965. Deutsch: *Drama*, Frankfurt 1968.
Logiques, Paris 1968.
Nombres, Paris 1968.
Lois, Paris 1972.
H, Paris 1973.
„Le roman et l' expérience des limites", in: *Tel Quel* 25 (1966), 20-34.
„Ecriture et révolution", in: *Théorie d'ensemble*, Paris 1968, 67-79.
„Niveaux sémantiques d'un texte moderne", in: *Théorie d'ensemble*, Paris 1968, 317-25.
„Le réflexe de réduction", in: *Théorie d'ensemble*, Paris 1968, 391-98.
„La grande méthode", in: *Tel Quel* 34 (1968), 21-27.
„Thèses générales", in: *Tel Quel* 44 (1971), 96-98.

THIBAUDEAU, JEAN
Une cérémonie royale, Paris 1960.
Ouverture 1, Paris 1966.
Imaginez la nuit, Paris 1968.

Sekundärliteratur

Adorno, Theodor, W.: *Einleitung in die Musiksoziologie. Zwölf theoretische Vorlesungen*, Hamburg 1968.
Althusser, Louis: *Für Marx*, Frankfurt 1968.
Barthes, Roland: „Drame, poème, roman", in: *Théorie d'ensemble*, Paris 1968, 25-40.
—: „Introduction à l'analyse structurale des récits", in: *Communications* 8 (1966), 1-27.
Benjamin, Walter: *Das Kunstwerk im Zeitalter seiner technischen Reproduzierbarkeit. Drei Studien zur Kunstsoziologie*, Frankfurt 1963.
Benveniste, Emile: *Problèmes de linguistique générale*, Paris 1966.
Blumer, Giovanni: *Die chinesische Kulturrevolution*, Frankfurt 1968.
Broekman, Jan: *Strukturalismus*, Freiburg 1972.
Bürger, Christa: *Textanalyse als Ideologiekritik*, Frankfurt 1973.

Sekundärliteratur 113

Bürger, Peter: *Der französische Surrealismus*, Frankfurt 1971.

Cioran, E.M.: *Précis de décomposition*, Paris 1949.

Derrida, Jacques: „Freud et la scène de l'écriture", in: *Tel Quel* 26 (1966), 10-41.

—: *De la grammatologie*, Paris 1967. Deutsch: *Grammatologie*, Frankfurt 1974.

—: *L'écriture et la différence*, Paris 1967. Deutsch: *Die Schrift und die Differenz*, Frankfurt 1972.

—: „La différance", in: *Thèorie d'ensemble*, Paris 1968, 41-66.

—: „La dissémination", in: *Critique* 261 (1969), 99-139; *Critique* 262 (1969), 215-249.

Ducrot, Oswald/Tzvetan Todorov: *Dictionnaire encyclopédique des sciences du langage*, Paris 1972. Deutsch: *Enzyklopädisches Wörterbuch der Sprachwissenschaften*, Frankfurt 1975.

Foucault, Michel: „Distance, aspect, origine", in: *Théorie d'ensemble*, Paris 1968, 11-24.

—: *Les mots et les choses*, Paris 1966.

Freud, Sigmund: *Die Traumdeutung*, Wien 1945[7].

Garnier, Pierre: *Spatialisme et poésie concrète*, Paris 1968.

Giraud, Robert: *Le royaume d'argot*, Paris 1965.

Goldmann, Lucien: „Les deux avant-gardes", in: *Médiations* 4 (1961), 63-83.

Goux, Jean-Joseph: „Marx et l'inscription du travail", in: *Théorie d'ensemble*, Paris 1968, 188-211.

—: „Numismatiques", in: *Tel Quel* 35 (1968), 64-89; *Tel Quel* 36 (1969), 54-78.

Habermas, Jürgen: *Technik und Wissenschaft als Ideologie*, Frankfurt 1968.

—: *Legitimationsprobleme im Spätkapitalismus*, Frankfurt 1973.

Hocke, Gustav René: *Die Welt als Labyrinth*, Hamburg 1966.

Jauß, Hans-Robert: *Literaturgeschichte als Provokation*, Frankfurt 1970.

Kenner, Ernst: *Sprachspiel und Stiltechnik in R. Queneaus Romanen*, Tübingen 1972.

Kristeva, Julia: „La sémiologie: science critique et/ou critique de la science", in: *Théorie d'ensemble*, Paris 1968.

—: „Pour une sémiologie des paragrammes", in: *Tel Quel* 29 (1967), 53-75. Deutsch: „Zu einer Semiologie der Paragramme", in: Gallas, Helga (Hg.): *Strukturalismus als interpretatives Verfahren*, Darmstadt 1972, 163-200.

—: *Le texte du roman*, Paris 1970.

Lacan, Jacques: *Ecrits*, Paris 1966.

Legaz y Lacambra, Luis: „Die Funktion des Rechts in der modernen Gesellschaft", in: *Archiv für Rechts- und Sozialphilosophie* 41 (1954/55), 165-180.

Lukács, Georg: *Schriften zur Literatursoziologie*, Berlin 1961.

Mannheim, Karl: *Ideologie und Utopie*, Frankfurt 1952.

Massin: *La lettre et l'image*, Paris 1970.

Marcuse, Herbert: *Versuch über Befreiung*, Frankfurt 1969.

McLuhan, Marshall: *Das Medium ist Massage*, Frankfurt 1969.

Meschonnic, Henri: „Politique, théorie et pratique de Tel Quel", in: *Les cahiers du chemin* 15 (1972), 57-101.

Nadeau, Maurice: *Le roman français depuis la guerre*, Paris 1970.

Neuschäfer, Hans-Jörg: „Mit Rücksicht auf das Publikum", in: *Poetica* 4 (1971), 478-514.

Pollmann, Leo: *Der französische Roman im 20. Jahrhundert*, Stuttgart 1970.

—: „Roman und Perzeption. (Zur immanenten Poetik des Nouveau Roman)", in: *Germanisch-romanische Monatsschrift. Neue Folge* 52 (1971), 306-316.

—: „Trivialroman und Kunstroman", in: *Neuphilologische Mitteilungen* 27 (1974), 101-110.

Roudiez, Léon: *French fiction today. A new direction*, New-Jersey 1972.

Schiwy, Günther: *Der französische Strukturalismus*, Hamburg 1969.

–: *Neue Aspekte des Strukturalismus*, München 1973.

Schnädelbach, Hans: „Was ist Ideologie? Versuch einer Begriffserklärung", in: *Das Argument* 50 (1969), 71-92.

Schmidt, Siegfried: *Ästhetische Prozesse*, Köln 1971.

Spitzer, Leo: *Aufsätze zur romanischen Syntax und Stilistik*, Halle 1918.

–: „Vous et nous régimes atones de on", in: *Le français moderne* 8 (1940).

–: „*Zur Auffassung Rabelais'*", in: Buck, August (Hg.): *Rabelais*, Darmstadt 1973, 26-52.

Stalin, Josef: „Marxismus und Fragen der Sprachwissenschaft", in: Raddatz, Fritz (Hg.), *Marxismus und Literatur*, Bd. 3, Hamburg 1969, 2-27.

Starobinski, Jean: „Les anagrammes de Ferdinand de Saussure. Textes inédits", in: *Mercure de France* 350 (1964), 256-262.

Steinwachs, Gisela: *Mythologie des Surrealismus oder die Rückverwandlung von Kultur in Natur*, Darmstadt 1971.

Vormweg, Heinrich: „Eine andere Leseart. Neue Literatur und Gesellschaft", in: *Merkur* 25 (1971), 1046-1060.

–: *Eine andere Leseart. Über neue Literatur*, 1972.

Wahl, François: „La philosophie entre l'avant et l'après du structuralisme", in: Ducrot, Oswald/Tzvetan Todorov [. . .]: *Qu' est-ce que le structuralisme*, Paris 1968, 301-441. Deutsch: *Einführung in den Strukturalismus*, Frankfurt 1973.

Wehle, Winfried: *Französischer Roman der Gegenwart. Erzählstruktur und Wirklichkeit im Nouveau Roman*, Berlin 1972.

Wunderli, Peter: *Ferdinand de Saussure und die Anagramme*, Tübingen 1972.

–: „Ferdinand de Saussure: 1er Cahier à lire préliminairement. Ein Basistext seiner Anagrammstudien", in: *Zeitschrift für französische Sprache und Literatur* 82, 193-216.

Zeltner, Gerda: *Im Augenblick der Gegenwart*, Frankfurt 1974.